Arthur Schopenhauer

Einleitung in die Philosophie

Arthur Schopenhauer

Einleitung in die Philosophie

ISBN/EAN: 9783742812957

Hergestellt in Europa, USA, Kanada, Australien, Japan

Cover: Foto ©Klaus-Uwe Gerhardt /pixelio.de

Manufactured and distributed by brebook publishing software (www.brebook.com)

Arthur Schopenhauer

Einleitung in die Philosophie

Einleitung in die Philosophie

nebst

Abhandlungen

zur Dialektik, Aesthetik

und

über die deutsche Sprachverhunzung.

Von

Arthur Schopenhauer.

Leipzig.

Druck und Verlag von Philipp Reclam jun.

Inhaltsverzeichniß.

	Seite
Vorlesungen: Einleitung in die Philosophie.	
Exordium über meinen Vortrag und dessen Methode	9
Ueber das Studium der Philosophie	13
Ueber den Trieb zu philosophiren.	
Ueber den Gang der Geschichte der Philosophie.	
Ueber die Fähigkeit zur Philosophie.	
Ueber Dogmatismus, Skepticismus, Kriticismus und Kant.	
Exordien zu den vier Theilen der Lehre vom Wesen der Welt und von dem menschlichen Geiste	54
Abhandlungen:	
Eristische Dialektik	71
Ueber das Interessante	103
Ueber die, seit einigen Jahren, methodisch betriebene Verhunzung der Deutschen Sprache	118
Bibliographischer Anhang	183

Einleitung
in
die Philosophie.

Exordium über meinen Vortrag und dessen Methode.

Ich habe die Grundzüge der gesammten Philosophie angekündigt und habe daher in einem Cursus alles Das vorzutragen, was sonst als Erkenntnißlehre überhaupt, als Logik, als Metaphysik der Natur, Metaphysik der Sitten oder Ethik, Rechtslehre, Metaphysik des Schönen oder Aesthetik in eben so vielen verschiedenen Cursus vorgetragen wird.

Der Grund, warum ich in Eines verknüpfe, was man sonst trennt und mir dadurch die zu einer Zeit zu leistende Arbeit sehr häufe, liegt nicht in meiner Willkür, sondern in der Natur der Philosophie. In Gemäßheit nämlich der Resultate, zu denen mich mein Studium und meine Forschungen geführt haben, hat die Philosophie eine Einheit und innern Zusammenhang, wie durchaus keine andere Wissenschaft, alle ihre Theile gehören so zu einander, wie die eines organischen Leibes und sind daher, eben wie diese, nicht von dem Ganzen zu trennen, ohne ihre Bedeutung und ihre Verständlichkeit einzubüßen, und als lacera membra, die außer dem Zusammenhang einen widerwärtigen Eindruck machen, dazuliegen. Denken Sie sich ein erkennendes Wesen, das nie einen menschlichen Leib gesehn hätte, und dem nun die Glieder eines solches Leibes einzeln und nach einander vorgelegt werden; könnte ein solches wohl eine richtige Vorstellung erhalten vom ganzen menschlichen Leibe, ja nur von irgend einem einzigen Gliede desselben? Wie sollte es die Bedeutung und den Zweck der Hand verstehn, ohne sie am Arm, oder des Armes, ohne ihn an der Schulter gesehn zu haben? u. s. w. Grade so nun ist es mit der Philosophie. — Sie ist eine Erkenntniß vom eigentlichen Wesen dieser Welt, in der wir sind und die in uns ist; eine Erkenntniß davon im Ganzen und Allgemeinen, deren Licht, wenn sie gefaßt ist, nachher auch alles Einzelne, das Jedem im Leben vorkommen mag, beleuchtet und ihm dessen innere Bedeutung aufschließt. Diese Erkenntniß läßt sich daher nicht zerstückeln und theilweise geben und empfangen.

Ich kann nicht von den Formen des Denkens d. i. des abstrakten Erkennens, welches der Gegenstand der Logik ist, reden, ohne vorher vom anschaulichen Erkennen geredet zu haben, zu welchem das abstrakte stets in genauer Beziehung steht, kann also die Grundlehren der Logik nicht gründlich und erschöpfend vortragen, ohne das Ganze unsres Erkenntnißvermögens zu betrachten und zu zergliedern, also auch das anschauliche Erkennen und dessen Formen, Raum, Zeit, Kausalität, wodurch ich schon auf dem Gebiet bin, welches man Metaphysik genannt hat. Rede ich nun aber vom anschaulichen Erkennen für sich, so betrachte ich die ganze Welt, bloß sofern sie in unserm Kopfe vorhanden ist, also sofern sie bloße Vorstellung ist, und zeige, daß jedes Objekt, jeder Gegenstand, nur als Vorstellung in einem Vorstellen, einem Subjekt, existiren kann. Kann und darf ich Sie nun nicht in den Wahn versetzen, daß die Welt eben weiter nichts als bloße Vorstellung d. h. bloßes Phantom, leerer Traum sei; so muß ich mich auf die Frage einlassen, was denn zuletzt alle diese Vorstellungen bedeuten, was das als Vorstellung uns Gegebene, noch etwa außerdem, außer aller Vorstellung, also was es an sich sei. Ich komme also nothwendig auf die Lehre vom Dinge an sich, vom eigentlichen und wahren Wesen der Welt, d. h. ich komme zur eigentlichen Metaphysik, und muß jene erste Betrachtung der Welt als bloßer Vorstellung in uns, ergänzen durch die Betrachtung der zweiten Seite der Welt, nämlich des innern Wesens derselben: muß Ihnen also die ganze Metaphysik vortragen, wenn ich nicht, durch alle vorhergegangenen Lehren, Ihnen mehr geschadet als geholfen haben will, nicht Ihnen einen ganz falschen Idealismus in den Kopf gesetzt haben will. — Sollte nun aber als das Resultat unsrer Forschungen nach dem innern Wesen der als unsre Vorstellungen in Raum und Zeit erscheinenden Dinge etwa sich ergeben haben, daß dieses innere Wesen der Dinge eben nichts anderes ist, als jenes uns durch die unmittelbarste Selbsterkenntniß genau bekannte und sehr vertraute was wir in uns den **Willen** nennen; so entsteht nothwendig die Frage nach der Bedeutung und dem Werthe der Aeußerungen dieses Willens in uns, also das Bedürfniß der Ethik, oder wenigstens einer Metaphysik der Sitten, als welche sodann erst auf alles früher Gelehrte das volle Licht wirft und es seiner eigentlichen Bedeutung nach erkennen läßt: da sie den Willen an sich betrachtet, als dessen Erscheinung uns das Vorhergehende die ganze anschauliche Welt erkennen ließ. Ich muß also dann zur dargelegten **Metaphysik** sogleich die **Ethik** fügen, oder vielmehr eigentlich nur jene Metaphysik von der ethischen Seite betrachten, zur Metaphysik der Natur die der Sitten fügen; um so mehr als sonst zu besorgen wäre, daß jene Metaphysik der Natur Sie zu einem trostlosen und unmoralischen Spinozismus verleiten könnte, ja Sie so verwirren könnte, daß Sie sich der wichtigsten aller Erscheinungen des Lebens, der großen Ethischen Bedeutsamkeit alles Handelns verschlössen, und zur verstockten Ableugnung derselben verführt werden könnten. Daher ist es durchaus nothwendig an die Metaphysik der Natur sogleich die der Sitten zu knüpfen, um so mehr, als der Mensch seinem ganzen Wesen nach mehr praktisch als theoretisch und so sehr auf das Thun gerichtet ist, daß bei jeder Untersuchung, worüber sie auch sei, die **praktische** Seite derselben ihm stets das Interessanteste ist, allemal von ihm als das eigentliche Resultat angesehn wird, dem er seine Aufmerksamkeit schenkt, sogar wenn er alles Vorhergängige derselben nicht gewürdigt hätte. Daher findet das Ethische Resultat jeder Philosophie allemal die meiste Beachtung und wird, mit Recht, als der Hauptpunkt angesehn. Die Metaphysik der Sitten aber allein vortragen, konnte ich durchaus nicht, weil die Metaphysik der Natur ganz und gar die Basis und Stütze derselben ist, und ich in der Ethik nicht etwa wie Kant, und alle die seit ihm philosophirt haben, thun, von einem absoluten Soll und nicht weiter zu erklärenden Kategorischem Imperativ oder Sittengesetze ausgehe; sondern von rein theoretischen Sätzen; so daß die unleugbare große Ethische Bedeutsamkeit des Handelns, welche sich uns in dem ankündigt, was man das Gewissen nennt, nicht von mir (wie eben von Kant u. s. w.) ohne weiteres postulirt und für sich hingestellt, ja zur Grundlage von Hypothesen gemacht wird; sondern sie wird von mir vielmehr als ein Problem genommen, welches der Auflösung bedarf und solche erhält aus der vorhergegangenen Metaphysik der Natur oder Erklärung des innern Wesens der Welt.

Wenn nun also die Metaphysik der Sitten zu den früher vorzunehmenden Betrachtungen nothwendig hinzukommen muß, um das Misverstehn derselben zu verhüten, um solche ins gehörige Licht zu stellen, und um überhaupt das Wichtigste und Jedem am meisten Angelegene nicht wegzulassen: so ist hingegen mit der Metaphysik des Schönen dieses nicht in gleichem Grade der Fall und sie könnte allenfalls, ohne großen Nachtheil aus dem Gange unsrer Betrachtung wegfallen. Jedoch könnte ich sie nicht für sich und abgesondert vortragen, weil sie, wenn sie gleich nicht vom Uebrigen nothwendig vorausgesetzt wird; doch eben selbst dieses Uebrige nothwendig voraussetzt und ohne dasselbe nicht gründlich verstanden werden kann. Ueberdies trägt auch sie noch vieles bei zum bessern Verständniß der Metaphysik der Sitten und ist daher eine sehr taugliche Vorbereitung zu derselben, hat auch sonst manche Beziehungen zum Ganzen der Philosophie; so daß es zweckmäßig ist sie in Verbindung mit diesem vorzutragen. Ich schicke sie daher der Ethik vorher und nehme diese zuletzt.

Sie sehn also die Gründe, welche mich bewegen das Ganze der Philosophie auf einmal und alle verschiedenen Disciplinen die man sonst trennt zusammen vorzutragen. Da dieses in einem Semester geschehn soll, so ergiebt sich von selbst, daß wir von allen jenen Disciplinen nur die Grundwahrheiten, das Allgemeinere durchgehn werden, nicht aber bis auf das Specielle und die Anwendung des Einzelnen kommen werden. So werde ich Ihnen zwar die Basis, das Wesen, die Hauptlehren der Logik vortragen, nicht aber alle verschiedenen möglichen Arten von Schlüssen durchgehn. Ebenso in der Ethik zeigen was der Ursprung der Ethischen Bedeutsamkeit des Handelns sei, worin das eigentliche Wesen des Guten und Bösen bestehe, wie weit beides in den äußersten Fällen geht, jedoch nicht von diesem allen die Anwendung machen auf alle möglichen Verhältnisse des Lebens oder etwas dem Analoges aufstellen was man eine ausgeführte, systematische, komplete Pflichtenlehre nennt. Ebenso in der Rechtslehre werde ich den Ursprung und den eigentlichen Sinn der Begriffe Recht und Unrecht darlegen und die Hauptfrage lösen, auf die alles ankommt, nicht aber die Anwendung derselben auf alle menschlichen Verhältnisse durchführen. Das ist auch nicht nöthig: denn wer das Allgemeine einer Sache, die Grundwahrheit, die obersten Sätze wohl gefaßt hat, kann sehr leicht bei einigem Nachdenken die Anwendung davon auf das Einzelne und die Durchführung bei allem ihm Vorkommenden selbst machen, auch im Nothfall sich in den fast unzähligen Lehrbüchern Raths erholen, in denen das Einzelne meistens ziemlich richtig aufgezählt und dargestellt ist, wenn gleich das Allgemeine verfehlt und der Gesichtspunkt des Ganzen falsch ist.

Der Gang unsrer Betrachtung aber wird folgender seyn. Nach vorangeschickter Einleitung über das Studium der Philosophie überhaupt, werden wir ausgehn von der Vor=

stellung und die Welt bloß betrachten sofern sie unsre Vorstellung ist, sofern sie im Kopfe eines Jeden vorhanden ist. Wir werden dann zuvörderst zweierlei Arten von Vorstellungen unterscheiden, Anschauliche und Abstrakte, die anschauliche werden wir zuerst betrachten, diese Vorstellungen analysiren, ihre verschiedenen Formen untersuchen und erkennen was a priori im Bewußtseyn liegt, und daher eben nur dessen Form ist, und werden das Entstehn, das zu Stande kommen der anschaulichen Vorstellungen kennen lernen: werden sehn, wie der Verstand operirt. Wir werden darauf das abstrakte Vorstellen, im Gegensatz des anschaulichen, betrachten, das eigentliche Denken: d. h. wir werden sehn wie die Vernunft operirt: zu diesem Ende werden wir die Formen und Gesetze des Denkens aufsuchen und eben dadurch die Grundlehren der Logik durchgehn. Diese Betrachtung des Vorstellens und Erkennens wird den 1ten und freilich auch trockensten Theil unsrer Untersuchungen ausmachen. Die wichtigen Wahrheiten, welche zuerst von Kant ans Licht gebracht sind, werden dem Theil derselben nach, der sich bewährt und behauptet hat, größtentheils darin vorgetragen werden. Denn etwas Einweihung in die Kantische Lehre ist unumgänglich nöthig. Erst durch dieselbe wird, wenn ich mich etwas seltsam ausdrücken darf, der metaphysische Sinn aufgeschlossen. Nachdem man sie einigermaaßen gefaßt, sieht man mit ganz anderen Augen in die Welt hinein. Denn man merkt den Unterschied zwischen Erscheinung und Ding an sich. Ich wünschte freilich, daß Sie durch eigenes Studium in die Kantischen Schriften eingeweiht wären und ich vor lauter Zuhörern läse, welche die Kr. d. r. V. inne hätten; was ich an der Kantischen Philosophie zu bestreiten und zu berichtigen habe, ließe sich leicht ins Reine bringen.

Der 2te Theil unsrer Betrachtungen wird die Lehre vom Dinge an sich ausmachen d. h. von dem was diese Welt und alle Erscheinungen derselben, die wir bis dahin bloß als Vorstellung betrachtet haben werden, noch außerdem, also an sich sind. Man kann dieser Untersuchung den Namen der **Metaphysik** lassen, bestimmter **Metaphysik der Natur.**

Auf diese wird als der 3te Theil die Metaphysik des Schönen, oder die Grundlage der Aesthetik folgen: endlich als der 4te Metaphysik der Sitten oder die Grundlage der Ethik, welche auch die philosophische Rechtslehre begreift.

Dieselbe Nothwendigkeit, meine Herren, welche mir es auflegt, alle diese so weitläuftigen Lehren in einem Cursus zu begreifen und sie im Zusammenhange vorzutragen, fordert von Ihnen, daß auch Sie solche im Zusammenhange zu fassen sich bemühen und nicht etwa bloße Bruchstücke daraus nehmen und solche jedes für sich zu verstehen und zu benutzen versuchen. Ich erinnere Sie an das obige Gleichniß vom Leibe und dessen einzelnen Gliedern. Bei einer so große Einheit und so wesentlichen Zusammenhang habenden Lehre, als die Philosophie in der Gestalt ist, die ich ihr gegeben habe, setzt nicht bloß das Folgende das Vorhergängige nothwendig voraus, wie dieses bei jeder Wissenschaft der Fall ist; sondern hier kommt noch dieses hinzu, daß eben wegen jener organischen Einheit des Ganzen das früher Vorzutragende seine nähere und völlige Erläuterung erst durch das später Folgende erhält; das Spätere erst die näheren Beziehungen und Anwendungen des Vorhergegangenen zeigt, und Sie daher nicht nur alles zuerst Vorzutragende wohl zu fassen und sich zu merken haben, sondern sich auch hüten müssen vor einem voreiligen Urtheil über dasselbe, indem Sie erst durch das Spätere die gehörige und nothwendige Erläuterung desselben erhalten. Bei jeder Wissenschaft erhält man den vollständigen Begriff von derselben erst nachdem man den ganzen Cursus durchgemacht hat und nun auf den Anfang zurücksieht. Aber bei dem, was ich Ihnen vortragen werde, ist dies noch viel mehr der Fall als irgendwo. Glauben Sie mir ganz gewiß, daß Sie erst bei dem Schlusse meines gesammten Vortrages den Anfang desselben vollständig verstehen können: und wenn Sie daher etwa hin und wieder Einiges nur mit Widerstreben auffassen sollten; so denken Sie, daß erst das Nachfolgende die Ergänzung und die Erläuterung dazu liefert. Denn der Zusammenhang der Philosophie in der Gestalt, welche ich ihr gegeben habe, ist nicht, wie der aller übrigen Wissenschaften, ein architektonischer, d. h. ein solcher, wo die Basis bloß trägt, ohne getragen zu werden, dann jeder Stein getragen wird und wieder trägt, bis der Gipfel bloß getragen wird ohne selbst zu tragen; sondern jener Zusammenhang ist ein organischer, d. h. ein solcher, wo jeder Theil eben so sehr das Ganze erhält, als er vom Ganzen erhalten wird, dem Wesen nach keiner der Erste und keiner der Letzte ist, sondern die Ordnung, in der die Theile vorgetragen, bloß mit Rücksicht auf die Erleichterung der Mittheilung, also mit einer gewissen Willkür gewählt ist: daher hier eigentlich das Ganze erst dann recht verstanden werden kann, nachdem man alle Theile gefaßt hat, und sogar die Theile zu ihrem erschöpfenden, völlig genügenden Verständniß auch schon das Ganze voraussetzen. Dies ist eine Schwierigkeit, die hier im Wesen der Sache liegt und nur überwunden werden kann von Ihrer Seite durch Aufmerksamkeit, Geduld und Gedächtniß, von meiner Seite durch die Bemühung, Alles so faßlich als möglich zu machen, Das, welches am Meisten das Uebrige voraussetzt, zuletzt zu nehmen, und den Zusammenhang aller Theile stets nachzuweisen und immer Rückblicke und Seitenblicke zu eröffnen.

Die Ordnung, welche ich erwähle, weil sie die Verständlichkeit am meisten befördert, macht es nothwendig, von der Untersuchung des Erkenntnißvermögens und der Theorie des Vorstellens und Erkennens auszugehen. Dies ist aber bei Weitem der trockenste Theil des ganzen Cursus. Hingegen sind gerade Aesthethik und Ethik, welche ich zu allerletzt nehme, Das, welches am meisten Interesse erregt und Unter=

haltung gewährt. Wäre es mir bloß darum zu thun, durch etwas Anziehendes Ihre Aufmerksamkeit zu fesseln und vor's Erste zu gewinnen, so müßte ich einen gerade umgekehrten Gang nehmen. Da ich aber mich lieber bestrebe, gründlich, als anziehend zu seyn, so wünsche ich, daß Sie durch den Ernst und das Trockene des ersten Theils unserer Untersuchungen nicht mögen die Ausdauer verlieren oder sich abschrecken lassen, auszuharren, bis auch unmittelbar interessantere Dinge kommen.

Einleitung,
über das Studium der Philosophie.

Ich glaube nicht voraussetzen zu dürfen, daß die Meisten von Ihnen sich schon sonderlich mit Philosophie beschäftigt, ein eigentlich methodisches philosophisches Studium getrieben haben. Dieser Umstand würde mir willkommen seyn, wenn ich darauf die Voraussetzung gründen könnte, Sie völlig unbefangen in dieser Art der Betrachtung zu finden, ohne alle vorgefaßte Meinung, und daher meinem Vortrage desto empfänglicher offen stehend. Aber diese Voraussetzung wäre ganz falsch. Ein Jeder von Ihnen bringt schon eine ganz fertige Philosophie mit, ja er hat sich sogar, wenigstens halb und halb, nur in dem Vertrauen hergesetzt, eine Bestätigung derselben zu vernehmen. Dies kommt nun zum Theil daher, daß jeder Mensch ein geborener Metaphysikus ist: er ist das einzige metaphysische Geschöpf auf der Erde. Daher auch manche Philosophen Das, was im Allgemeinen gilt, als speciell nahmen, und sich einbildeten, die bestimmten Dogmen **ihrer** Philosophie wären dem Menschen angeboren; da es doch nur der Hang zum metaphysischen Dogmatisiren überhaupt ist, den man jedoch leicht in der Jugend zu bestimmten Dogmen abrichten kann. Alles philosophirt, jedes wilde Volk hat Metaphysik in Mythen, die ihm die Welt in einem gewissen Zusammenhang zu einem Ganzen abrunden und so verständlich machen sollen. Daß bei jedem Volke (obwohl bei einem mehr als dem andern) der Kultus unsichtbarer Wesen einen großen Theil des öffentlichen Lebens ausmacht, ferner daß dieser Kultus mit einem Ernst getrieben wird, wie gar keine andere Sache; endlich der Fanatismus, mit dem er vertheidigt wird; — dies beweist, wie groß die Macht hyperphysischer Vorstellungen auf den Menschen ist, und wie sehr ihm solche angelegen sind. Ueberall philosophiren selbst die Rohesten, die Weiber, die Kinder, und nicht etwa bloß bei seltenen Anlässen, sondern anhaltend und recht fleißig und mit sehr großem Zutrauen zu sich selbst. Dieser Trieb kommt nicht etwa daher, daß, wie Manche es auslegen, der Mensch sich so erhaben über die Natur fühlt, daß sein Geist ihn in Sphären höherer Art, aus der Endlichkeit in die Unendlichkeit zieht, das Irdische ihm nicht genügt u. dgl. m. Der Fall ist selten. Sondern es kommt daher, daß der Mensch mittelst der Besonnenheit, die ihm die Vernunft giebt, das Mißliche seiner Lage einsieht, und es ihm schlecht gefällt, sein Daseyn als ganz prekär und sowohl in Hinsicht auf dessen Anfang als auf dessen Ende ganz dem Zufall unterworfen zu sehn, noch dazu es auf jeden Fall als äußerst kurz zwischen zwei unendlichen Zeiten zu finden, ferner seine Person als verschwindend klein im unendlichen Raum und unter zahllosen Wesen. Dieselbe Vernunft die ihn treibt für die Zukunft in seinem Leben zu sorgen, treibt ihn auch, über die Zukunft nach seinem Leben sich Sorgen zu machen. Er wünscht das All zu begreifen, hauptsächlich um sein Verhältniß zu diesem All zu erkennen. Sein Motiv ist hier, wie meistens, egoistisch. Gäbe man ihm die Gewißheit, daß der Tod ihn ganz zu Nichts macht: so würde er meistentheils sich alles Philosophirens entschlagen und sagen nihil ad me.

Die Philosophie, die, wie ich behaupte, Jeder von Ihnen mitbringt, ist nun theils aus diesem dem Menschen natürlichen Hange entsprungen, theils hat sie aber auch von Außen Nahrung erhalten, fremde fertige Lehren sind ihr zugeführt und, durch die eigene Individualität modificirt, in diese aufgenommen worden. Hieher gehört theils die

Religion, deren Unterricht mehr und mehr die Form einer Philosophie angenommen hat und sich mehr auf Ueberzeugung, als auf Offenbarung stützen will; theils ist mit allen Wissenschaften die Philosophie so sehr verwebt, daß Einer mag getrieben oder gelesen haben was er will; es sind immer viel Philosopheme mit eingeflossen.

Also darf ich Ihren Geist keineswegs als eine tabula rasa in Hinsicht auf das Vorzutragende betrachten. Und da dem so ist, so wäre es mir am liebsten, wenn Sie Alle alle vorhandenen Systeme genau kennten. Daß Sie hingegen nur ein einziges der dagewesenen Systeme studirt hätten und Ihre Denkweise ihm angepaßt hätten, wäre mir nicht willkommen: denn bei Einem und dem Andern, der etwa mehr zum Festhalten des Erlernten als zum Aufnehmen des zu Erlernenden fähig und geneigt wäre, könnte so ein einmal vertrauensvoll ergriffenes System zum Glaubensartikel oder gar zu einer Art von fixirten Vorstellungen geworden seyn, die allem Andern, und sei es noch so vorzüglich, den Zugang versperrt. Aber wenn Sie die ganze Geschichte der Philosophie schon kennen gelernt hätten, von allen Systemen einen Begriff hätten, dies wäre mir lieb: — denn Sie würden alsdann am leichtesten dahin kommen, einzusehen, warum der Weg, welchen ich mit Ihnen zu gehn gedenke, der richtige ist oder wenigstens seyn kann, indem Sie bereits aus Erfahrung wüßten, daß alle jene früher versuchten Wege doch nicht zum Ziele führen und überhaupt das Schwierige, ja Mißliche des ganzen Bestrebens deutlich eingesehen hätten; statt daß Sie jetzt manchen jener von Philosophen verschiedener Zeiten eingeschlagenen Wege wohl von selbst gewahr werden und sich wundern möchten, warum man ihn nicht einschlägt. Denn ohne Vorkenntniß der früheren Versuche möchte der Weg, den wir vorhaben, Manchem befremdend, sehr umständlich und beschwerlich und ganz unnatürlich scheinen: denn freilich ist es nicht der auf den die spekulirende Vernunft zuerst geräth, sondern erst nachdem sie die von selbst sich darbietenden und so leicht zu gehenden als falsch befunden hat, durch Erfahrung gewitzigt ist und gesehn hat, daß man einen weitern Anlauf nehmen muß, als die weniger steilen Wege erfordern.

Daß also die spekulirende Vernunft erst allmälig und nach viel mißlungenen Versuchen, den rechten Weg einschlagen konnte, erklärt sich aus Folgendem.

Es ist ein Zusammenhang in der Geschichte der Philosophie und auch ein Fortschritt, so gut als in der Geschichte andrer Wissenschaften, obgleich man hieran zweifeln könnte, wenn man sieht, daß jeder neu auftretende Philosoph es macht, wie jeder neue Sultan, dessen erster Akt die Hinrichtung seiner Brüder ist, nämlich jeder neu auftretende Philosoph damit anfängt, seine Vorgänger zu widerlegen oder wenigstens abzuleugnen und ihre Sätze für null und nichtig zu erklären und ganz von Neuem anhebt, als ob nichts geschehen sei; so daß es ist wie in einer Auktion, wo jedes neue Gebot das frühere annullirt. Die Feinde aller Philosophie benutzen dies: sie behaupten, Philosophie sei ein völlig vergebliches Streben nach einem schlechterdings unerreichbaren Ziel: daher sei ein Versuch darin gerade so viel werth, als der andere, und nach allen Jahrhunderten noch gar kein Fortschritt gemacht worden; denn man höbe ja noch immer von Vorne an. In diesem Sinne ruft Voltaire aus: „O Metaphysik! wir sind grade so weit, als zur Zeit der Druiden!" — Solche entschiedene Feinde der Philosophie kann man nicht aus der Philosophie, die sie nicht gelten lassen, widerlegen, sondern nur aus der Geschichte, nämlich so: Wenn in der Philosophie noch nie etwas geleistet worden, noch kein Fortschritt gemacht worden und eine Philosophie grade so viel werth wäre, als die andere, so wären nicht nur Plato, Aristoteles und Kant Narren, sondern diese unnützen Träumereien hätten auch nie die übrigen Wissenschaften weiter förbern können: nun aber sehn wir durchgängig, daß zu jeder Zeit der Stand aller übrigen Wissenschaften, ja auch der Geist der Zeit und dadurch die Geschichte der Zeit ein ganz genaues Verhältniß zur jedesmaligen Philosophie hat. Wie die Philosophie eines Zeitalters beschaffen ist; so ist auch jedes Mal alles Treiben in den übrigen Wissenschaften, in den Künsten und im Leben: die Philosophie ist im Fortgang des menschlichen Wissens, folglich auch in der Geschichte dieses Fortgangs grade das, was in der Musik der Grundbaß ist; der bestimmt allemal den Ton und Karakter und den Gang des Ganzen: und wie in der Musik jede einzelne musikalische Periode oder Lauf dem Ton entsprechen und mit ihm harmoniren muß, zu welchem der Baß eben fortgeschritten ist: so trägt in jeder Zeitperiode das menschliche Wissen jeder Art durchweg das Gepräge der Philosophie, die zu solcher Zeit herrscht, und jeder Schriftsteller, worüber er auch schreibe, trägt allemal die Spuren der Philosophie seines Zeitalters. Jede große Veränderung in der Philosophie wirkt auf alle Wissenschaften, giebt ihnen einen andern Anstrich. Den Beleg hiezu giebt die Litterargeschichte durchweg. Daher ist jedem Gelehrten das Studium der Philosophie so nothwendig, wie dem Musiker das Studium des Generalbasses. Denn die Philosophie ist der Grundbaß der Wissenschaften. Auch nimmt man, wenn man die Geschichte der Philosophie im Ganzen überblickt, sehr deutlich einen Zusammenhang und einen Fortschritt wahr, dem ähnlich, den unser eigener Gedankengang hat, wenn bei einer Untersuchung wir eine Vermuthung nach der andern verwerfen, eben dadurch den Gegenstand mehr und mehr beleuchten, es in uns immer heller wird, und wir zuletzt bestimmt urtheilen, entweder wie sich die Sache verhält, oder doch wie weit sich etwas davon wissen läßt. So sehn wir auch in der Geschichte der Philosophie die Menschheit nach und nach zur Besinnung kommen, sich selbst deutlich werden, durch Abwege sich belehren lassen, durch vergebliche Anstrengung ihre Kräfte üben und stärken. Durch die Vorgänger wird

Jeder, auch wenn er sie verläßt, belehrt, wenigstens negativ, oft auch positiv, indem er das Gegebene beibehält und meistens weiter ausbildet, wobei es oft eine ganz andere Gestalt erhält. So ließe sich also allerdings in der Geschichte der Philosophie eine gewisse Nothwendigkeit, d. h. eine gesetzmäßige, fortschreitende Entwicklung erkennen, wenigstens ebenso gut, ja gewiß besser, als in der Weltgeschichte, obgleich dort wie hier die Individualität derjenigen, die zur Wirksamkeit kamen, als ein zufälliges Element stark eingreift und den Gang der Philosophie wie den der Weltbegebenheiten sehr modifizirt. Stillstände und Rückschritte sind in der Geschichte der Philosophie wie in der Weltgeschichte: dort, wie hier, giebt das Mittelalter einen traurigen Anblick, ist ein Versinken in Barbarei. Aber aus dem Rückschritt erhebt sich immer die Kraft wie neugestärkt durch die Ruhe. Man hat ein gewisses Verhältniß wahrgenommen zwischen dem jedesmaligen Zeitgeist und der Philosophie und auch wohl gemeint, die Philosophie würde durch den Zeitgeist bestimmt: aber es ist grade umgekehrt: die Philosophie bestimmt den Geist der Zeit und dadurch ihre Begebenheiten. Wäre im Mittelalter die Philosophie eine andere gewesen, so hätte kein Gregor VII. und keine Kreuzzüge bestehen können. Aber der Zeitlauf wirkt negativ auf die Philosophie, indem er die zu ihr fähigen Geister nicht zur Ausbildung und nicht zur Sprache gelangen läßt. Positiv wirken auf die Philosophie nur die vorzüglichen Geister, welche die Kraft haben, die Menschheit weiter zu bringen, und die nur als seltene Ausnahmen aus den Händen der Natur hervorgehen: auf diese nun aber wirken allerdings ihre Vorgänger, am meisten die nächsten, dann auch die ferneren, von denen diese abhiengen: also wirkt auf den Philosophen eigentlich nur die Geschichte der Philosophie, nicht die Weltgeschichte, außer sofern diese auf den Menschen wirkt, es ihm möglich macht, seine Individualität auszubilden, zu entfalten, zu benutzen, nicht nur für sich, sondern auch für Andre.

Nehmen wir nun dem Gesagten zufolge eine gewisse nothwendige Entwickelung und Fortschreitung in der Geschichte der Philosophie an, so müssen wir auch ihre Irrthümer und Fehler als im gewissen Sinne nothwendige erkennen, müssen sie ansehen, wie im Leben des einzelnen vorzüglichen Menschen die Verirrungen seiner Jugend, die nicht verhindert werden durften, sondern in denen man ihn gewähren lassen mußte, damit er eben vom Leben selbst diejenige Art der Belehrung und Selbstkenntniß erhielte, die ihm auf anderem Wege nicht beigebracht werden konnte, für die es kein Surrogat gab. Denn das Buch wird nie geschrieben werden, welches die Erfahrung ersetzen könnte: durch Erfahrung aber lernt man nicht nur Andre und die Welt, sondern auch sich selbst kennen, seine Fehler, seine Irrthümer als solche, und die richtigen Ansichten, zu denen man, vor Andern, von Natur bestimmt ist und von selbst die Richtung nimmt. Oder wir mögen die nothwendig durchzumachenden Fehler ansehen, wie Blattern und ähnliche Krankheiten, die man überstehen muß, damit das Gift aus dem Leibe komme, das seiner Natur anhieng. Demnach können wir uns nicht wohl denken, daß die Geschichte so gut mit Kant, als mit Thales anfangen konnte u. s. f. Ist aber eine solche mehr oder minder genau bestimmte Nothwendigkeit in der Geschichte der Philosophie, so wird man, um den Kant vollständig zu verstehen, auch seine Vorgänger gekannt haben müssen, zuerst die nächsten, den Chr. Wolf, den Hume, den Locke, dann aufwärts bis auf den Thales.

Aus dieser Betrachtung ergiebt sich, daß mir nichts willkommener seyn könnte, als daß Jeder von Ihnen schon eine Kenntnis der Geschichte der Philosophie mitbrächte und daß er besonders meinen nächsten Vorgänger, ihn, den ich als meinen Lehrer betrachte, genau kännte, nämlich Kant.

Denn was seit Kant geschehen ist, ist in meinen Augen ganz ohne Gewicht und ohne Bedeutsamkeit, wenigstens für mich, also ohne Einfluß auf mich. So sehr ich aber auch das Studium der Geschichte der Philosophie Ihnen empfehle, so wünsche ich doch nicht, daß, wie oft geschieht, die Geschichte der Philosophie selbst Ihre Philosophie werde. Denn das heißt, statt denken und forschen zu wollen, nur wissen wollen, was Andre gedacht haben, und diese todte Notiz neben andern todten Notizen aufspeichern. Es ist jedoch ein häufiger Fall. Wer zum Denken von Natur die Richtung hat, muß erstaunen und es als ein eignes Problem betrachten, wenn er sieht, wie die allermeisten Menschen ihr Studiren und ihre Lektüre betreiben. Nämlich es fällt ihnen dabei gar nicht ein, wissen zu wollen, was wahr sei; sondern sie wollen bloß wissen, was gesagt worden ist. Sie übernehmen die Mühe des Lesens und des Hörens, ohne im Mindesten den Zweck zu haben, wegen dessen allein solche Mühe lohnen kann, den Zweck der Erkenntniß, der Einsicht: sie suchen nicht die Wahrheit, haben gar kein Interesse an ihr. Sie wollen bloß wissen, was Alles in der Welt gesagt ist, eben nur um davon mitreden zu können, um zu bestehn in der Konversation, oder im Examen, oder sich ein Ansehn geben zu können. Für andre Zwecke sind sie nicht empfänglich. Daher ist beim Lesen oder Hören ihre Urtheilskraft ganz unthätig und bloß das Gedächtniß thätig. Sie wiegen die Argumente nicht: sie lernen sie bloß. So sind leider die allermeisten: deshalb hat man immer mehr Zuhörer für die Geschichte der Philosophie, als für die Philosophie. Zum Denken sind wenige Menschen geneigt, obwohl Alle zum Rechthaben. Das Räthselhafte des Daseyns ergreift Wenige mit seinem ganzen Ernst: hingegen zum bloßen Wissen sind Manche geneigt, zum Kunde erhalten von dem Ueberlieferten, theils aus Langerweile, theils aus Eitelkeit, theils um zum Broderwerb das Gelernte wieder zu lehren und so das Ueberlieferte weiter zu überliefern von Geschlecht zu Geschlecht, ohne daß Die durch deren Hände es geht selbst Gebrauch davon machten. Sie sind dabei den Post-Sekretären gleich, die den Brief empfangen und weiter befördern, ohne ihn zu eröffnen. Es sind die bloß Gebildeten und bloß Gelehrten, die bei aller Bildung und Gelehrsamkeit im Grunde ihres Herzens oft vom Ganzen und dem Wesen des Lebens dieselbe nüchterne und einfältige Ansicht behalten haben; die sie in ihrem 15ten Jahre hatten, oder die das Volk hat, wie man leicht sehn kann, wenn man sie einmal ernstlich ausfragt und von den Worten zu den Sachen kommt. Diese reinen Gelehrten, Ueberlieferer des Ueberlieferten, haben jedoch den Nutzen, daß das Vorhandene durch sie sich erhält und zu dem selbstdenkenden Menschen gelangen kann, der immer nur als eine Ausnahme, als ein Wesen von ungewöhnlicher Art dasteht. Er wird durch jene Ueberlieferer mit seines Gleichen in Verbindung gesetzt, die einzeln und zerstreut in den Jahrhunderten lebten, und kann so die eigene Kraft durch die Bildung stärken und wirksamer machen: wie man durch die Postsekretaire in Verbindung gesetzt wird mit seinen entfernten Anverwandten. — Es sollte mir leid thun, wenn unter meinen Zuhörern sich Viele befänden, deren Tauglichkeit sich auf bloßes Empfangen zum Hinlegen oder zum Weiterbefördern beschränkte. Doch kann ich das nicht ändern. Ich kann Keinen umformen, sondern auf Jeden nur nach Maßgabe der Fähigkeiten wirken, die ihm die Natur ein für allemal gab. Selbst das Wort Fähigkeiten paßt nicht recht zur Philosophie. Es deutet auf ein Können, ein Leisten: das ist gut, wenn man einen Künstler, Handwerker, oder einen Arzt oder Advokaten zu bilden hat; die sollen Können und Leisten lernen. Hier aber gilt es, dem Menschen von seinem Daseyn und dem der ihn umgebenden Welt eine richtigere und deutlichere Vorstellung zu geben. Es ist also nicht sowohl von Fähigkeit zum Lernen die Rede, als von dem Grade der Klarheit des Bewußtseyns, mit dem Jeder sein eigenes Daseyn und das der ihn umgebenden Welt auffaßt. Dieser Grad der Klarheit ist die Basis der Empfänglichkeit für Philosophie. Je klärer und heller in einem Menschen das Bewußtseyn, die Anschauung der Welt ist, desto mehr wird sich ihm das Räthselhafte des Daseyns aufdringen, desto stärker wird das Bedürfniß gefühlt werden, irgend einen Aufschluß, eine Rechenschaft vom Leben und Daseyn überhaupt zu erhalten; desto weniger wird man zufrieden seyn eben nur zu leben und in der Dürftigkeit dieses Lebens die sich täglich meldende Noth immer nur abzuwehren, bis unter vielen getäuschten Hoffnungen und überstandenen Leiden das Leben eben abgelaufen ist, ohne daß man sich die Muße gemacht hätte, je ernstlich darüber nachzudenken. Dies aber ist der Fall Derer, deren Bewußtseyn schwächer, dunkler ist und der thierischen Dumpfheit näher steht. Wie das Thier dahin lebt, ohne umzuschauen weiter als nach seinen Bedürfnissen, und sich daher nicht wundert daß die Welt da ist und so ist, wie sie ist; so sind auch die Menschen von geringeren Anlagen ohne merkliche Verwunderung über die Welt. Sie finden eben Alles ganz natürlich: allenfalls überrascht sie irgend eine ungewöhnliche Erscheinung und macht sie auf deren Ursache begierig: aber das Wunderbare, was im Ganzen aller Erscheinungen liegt, das Wunderbare ihres eigenen Daseyns werden sie nicht inne. Sie sind daher geneigt, diejenigen auszulachen, die sich darüber wundern, darüber nachsinnen, und mit solchen Forschungen sich beschäftigen. Sie meynen, daß sie viel ernstere Dinge vorhaben, das Sorgen für sich und die Ihrigen und allenfalls das nähere Orientiren über den Zusammenhang der Erscheinungen unter einander, zum nützlichen Gebrauche derselben. Aber diese ihre Lebensweisheit theilen sie mit den Thieren, die eben auch dahin leben, für sich und die ihrigen sorgen, unbekümmert, was das Alles sei und bedeute. — Die Klarheit des Bewußtseyns, auf welcher das Bedürfniß und die Anlage zur Philosophie beruht, zeigt sich daher zuerst durch ein Verwundern über die Welt und sein eigenes Daseyn, welches den Geist beunruhigt und es ihm unmöglich macht, dahin zu leben, ohne eben über das Leben selbst zu denken. Dieses Verwundern gab schon Platon als die Quelle der Philosophie an, und sagt: μαλα γαρ φιλοσοφικον τουτο το παθος, το θαυμαζειν. ου γαρ αλλη αρχη φιλοσοφιας η αυτη. — admirari illud, admodum philosophica affectio est; neque ulla alia res philosophiae principium ac fons est. Theaetet. p. 76. — Aristoteles: διο γαρ το θαυμαζειν οι ανθρωποι και νυν και το πρωτον ηρξαντο φιλοσοφειν. Metaph. L. I, c. 2. — Man kann sogar sagen: Die philosophische Anlage bestehe darin, daß man sich über das Gewöhnliche und Alltägliche verwundre und daher das Allgemeine der Erscheinungen zu seinem Problem macht: dagegen die Forscher in speciellen Wissenschaften verwundern sich nur über seltene und ausgesuchte Erscheinungen, nur diese machen sie zu ihrem Problem, dessen Auflösung durch eine Kombination dann darin besteht, daß sie solche zurückführen auf allgemeinere Erscheinungen oder bekanntere Thatsachen.

Um sagen zu können, wie viel Anlage Einer zur Philosophie hat, müßte ich wissen, wie in seinen Augen Vergangenheit, Gegenwart und Zukunft sich darstellen, ob als sehr verschiedene Dinge, oder fast Eines wie das Andre, ob sein Bewußtseyn in diesem Strom der Zeit so tief eingetaucht ist, daß es selbst sich mit ihm fortbewegt, oder ob es den Strom der Zeit an sich vorüberfließen sieht und ihn als etwas Fremdes mit Verwunderung beobachtet. Damit Einer das Wunderbare und Räthselhafte der Zeit auffasse, wodurch man besonders zur Philosophie getrieben wird, ist erfordert, daß er eine lebhafte Phantasie habe, aus einem eigenen Grunde: nämlich nur ein Solcher vermag die Scene seines Lebens, die vor 10 Jahren da war, jetzt so lebendig zu vergegenwärtigen, als die wirklich jetzt gegenwärtige Scene: wodurch denn die Verwunderung entsteht über die Form unsers Daseyns, die Zeit, vermöge deren jenes ferne so Reale, so zu gar nichts wird, wie die Vergangenheit nichts ist, und dieses Schicksal auch jeden Moment treffen muß, in dem wir eben uns befinden.

Wo nun die erwähnte Klarheit des Bewußtseyns und das aus ihr hervorgehende Verwundern sich nicht findet: da ist eben keine Anlage zur Philosophie; ihr Vortrag ist für einen Solchen, was dargebotene Speise dem nicht hungernden Magen. Vor allen Dingen muß ja das Räthsel haben Der, dem man die Auflösung desselben geben will; sonst ist ihm diese ein Wort ohne Bedeutsamkeit. Dieses Räthsel aber wird durch den Eindruck der anschaulichen Welt gegeben, durch die Klarheit, mit der sie im Bewußtseyn dasteht. Das Abstrakte, durch Worte Ausgedrückte, hat stets seine Bedeutung allein durch die Beziehung auf das Anschauliche. Wo also jene Klarheit des Bewußtseyns fehlt, ist alles Philosophiren sehr vergeblich und bildet allenfalls Schwätzer, nicht Philosophen. — Uebrigens sind auch solche Leute, die wegen der Dumpfheit ihres Bewußtseyns ohne Bedürfniß und ohne Anlage zur Philosophie sind, darum doch nicht ohne eine Art von Philosophie, von System religiöser oder andrer Art: denn sie sind doch Menschen und bedürfen als solche einer Metaphysik: aber sie haben eben das erste beste festgehalten und sind meistens sehr hartnäckig in dessen Behauptung, weil, wenn sie es fahren ließen, Dies ihnen die Nothwendigkeit auflegen würde, zu denken, zu forschen, zu lernen: was sie eben vorzüglich scheuen und daher sehr froh sind, so etwas ein für alle Mal zu haben, was sie jeder Arbeit dieser Art überhebt.

Ich sprach von den Fortschritten der Philosophie, die ihre Geschichte uns darlegt. Da Philosophie zwar die Erfahrung im Allgemeinen, aber doch keine specielle Erfahrung voraussetzt, wie z. B. Physik und Astronomie thun: so ließe es sich, ungeachtet der erwähnten nothwendigen Entwickelung in ihrem Gange, doch nicht leugnen, daß vielleicht durch besondere Begünstigung des Schicksals, durch die Geburt der ausgezeichnetsten Geister und ihr Zusammentreffen in derselben Zeit die Fortschritte sehr viel schneller hätten seyn können, ja vielleicht die Wahrheit, gesetzt daß sie gefunden werden könne, gleich Anfangs getroffen wäre. Vielleicht ist Letzteres sogar in gewissem Sinne wirklich der Fall gewesen, jedoch in einem Lande, dessen Kultur von der europäischen ganz getrennt gewesen ist, in Hindostan. Nämlich die Resultate dessen, was ich Ihnen vorzutragen gedenke, stimmen überein mit der ältesten aller Weltansichten, nämlich den Veda's. Doch ist dies nicht so zu verstehn, als ob, was ich lehre, dort schon stehe. Die Veda's, oder vielmehr die Upanischaden, d. i. der dogmatische Theil im Gegensatz des Liturgischen, haben keine wissenschaftliche Form, keine nur irgend systematische Darstellung, gar keine Fortschreitung, keine Entwicklung, keine rechte Einheit. Es ist kein Grundgedanke darin ausgesprochen; sondern sie geben bloß einzelne, sehr dunkele Aussprüche, allegorische Darstellungen, Mythen u. dgl. Den Einheitspunkt, aus dem dies Alles fließt, wissen sie gar nicht auszusprechen, noch weniger ihre Aussprüche durch Gründe zu belegen, nicht einmal sie in irgend einer Ordnung zusammenzustellen: sondern sie geben gleichsam nur Orakelsprüche voll tiefer Weisheit, aber dunkel, ganz vereinzelt und bildlich. Hat man jedoch die Lehre, welche ich vorzubringen habe, inne; so kann man nachher alle jene uralten Indischen Aussprüche als Folgesätze daraus ableiten und ihre Wahrheit nun erkennen; so daß man annehmen muß, daß was ich als Wahrheit erkenne, schon auch von jenen Weisen der Urzeit der Erde erkannt und nach ihrer Art ausgesprochen, aber doch nicht in seiner Einheit ihnen deutlich geworden war; so daß sie ihre Erkenntniß nur in solchen abgerissenen Aussprüchen, welche das Bewußtseyn ihrer hellsten Augenblicke ihnen eingab, nicht aber im Ganzen und im Zusammenhang an den Tag legen konnten.

Eine Erkenntniß dieser Art war also möglich gleich Anfangs, ohne daß durch die lange Reihe der Philosophen die Vernunft Gewandtheit, Selbstkenntniß und Witzigung erhalten hatte: aber eine Erkenntniß in jener Form hat keine Waffen gegen skeptische Angriffe jeder Art oder gegen Nebenbuhler, die andere Lehren vortragen. Es ist hiemit gerade, wie in der Astronomie: schon in der ganz alten Zeit lehrten die Pythagoreer, daß die Sonne stehe und die Erde nebst den Planeten um sie laufe (ein gewisser Hiketas soll der Erste gewesen seyn): es war der Ausspruch einer unmittelbaren Erkenntniß, eines ahndungsvollen Treffens des Richtigen: aber die Gründe zeigen, das System beweisen, es im Einzelnen durchführen, anwenden, berechnen, das konnten sie nicht. Darum blieben sie auch ohne Anerkennung, ohne Einfluß, und konnten ihre Wahrheit nicht gegen den herrschenden Irrthum geltend machen, wie er sich im Ptolemäischen System ausspricht, welches von jener richtigen Lehre der Pythagoreer nicht verhindert wurde aufzukommen und allgemein zu gelten. Erst nach den gesammelten Erfahrungen und Belehrungen zweier Jahrtausende konnten Kopernikus, Kepler, Galiläi dieselbe Wahrheit auf einem festen Fundament aufstellen und sie gegen alle Angriffe schützen, weil sie auf dem wissenschaftlichen Wege dazu gelangt waren, und den ganzen Zusammenhang der Sache einsahen.

So also steht, was ich hier vorzubringen habe, obwohl es mit den uralten indischen Aussprüchen sehr genau übereinstimmt, dennoch im Zusammenhang mit der ganzen Entwicklung der Philosophie im Occident und reihet sich an die Geschichte derselben an, ergiebt sich gewissermaaßen als ein Resultat daraus.

Darum ist Geschichte der Philosophie die beste Einleitung zu dem, was ich vorzutragen habe. Ohne dieselbe wird schon der Anfang unsers Ganges, nämlich das Anheben von der Betrachtung des Subjekts, unsres Selbst, unsers Erkenntnißvermögens, Manchem befremdend seyn und seiner Neigung widerstreiten. Denn im Geiste des Einzelnen ist die Anlage und der Hang, denselben Gang zu gehn, den die Erkenntniß des ganzen Menschengeschlechts gegangen ist. Dieser Gang fängt an mit dem Nachdenken über die Außenwelt, aber er endigt mit dem Nachdenken über sich selbst. Man fängt damit an, über das Objekt, über die Dinge der Welt bestimmte Aussprüche zu thun, wie sie an sich sind und seyn müssen: dies Verfahren heißt **Dogmatismus**. Dann erheben sich Zweifler, Leugner, daß es so sei, wie man sage, Leugner, daß man irgend etwas davon wissen könne: d. i. der **Skepticismus**. Spät erschien, nämlich mit Kant, der Kriticismus, der als Richter beide hört, beide vermittelt, ihre Ansprüche abwägt, durch eine Untersuchung nicht der Dinge, sondern des Erkenntnißvermögens überhaupt, und demgemäß angiebt, wiefern sich von den Dingen, wie sie an sich sind, etwas wissen lasse und welche Schranke hier das Erkennen als solches, seine ihm wesentliche Form, setze.

In der Occidentalischen Philosophie, (welche wir von der Orientalischen in Hindostan, die gleich Anfangs einen viel kühneren Flug nahm, gänzlich unterscheiden müssen), finden wir nun eben diesen natürlichen Gang. Der Mensch bemerkte zuerst Alles, nur sich selbst nicht, sich übersah er, und seine ganze Aufmerksamkeit haftete auf den Dingen außer ihm: sich sah er nur als ein kleines Glied in der Kette dieser, nicht als eine Hauptbedingung des Daseyns der Außenwelt, wie er es doch ist. Demnach suchten die Philosophen in Jonien, mit denen man die Geschichte der Occidentalischen Philosophie anhebt, nicht sowohl die Natur überhaupt ihrem Daseyn nach, als die bestimmte gegebene Natur ihrer Beschaffenheit nach zu erklären. Sie suchten daher einen Grundstoff, der vor allen Dingen gewesen und durch dessen Veränderungen Alles geworden wäre. Sonach war die erste Philosophie eigentlich Naturwissenschaft. Thales, der Ahnherr aller occidentalischen Philosophie, nimmt das Wasser für jenen Urgrundstoff, aus dem sich alles entwickelt.*) Von seinem Schüler Anaximander wissen wir noch weniger: er nennt als den Ursprung der Dinge das απειρον, infinitum, womit er vielleicht nur die Materie als solche, ohne irgend eine Form und Qualität versteht. Anaximenes nimmt die Luft als das erste an, und das ist vielleicht sehr richtig, da die neuste Astronomie es wahrscheinlich macht, das jeder Weltkörper in einem dunstförmigen Aggregatzustande, als ein Nebelstern zuerst existirte, dann in den flüssigen, zuletzt in den festen Zustand übergieng. Diese Ionischen Philosophen betrachteten jedoch die Materie von der sie ausgiengen nicht als ein Todtes (wie später Demokritos that), sondern erkannten, daß Kräfte in ihr wohnen, deren Aeußerungen allein ihre Wirksamkeit ausmache: sie erkannten diese Kräfte als von der Materie verschieden, als etwas Geistiges, redeten daher von einer Seele der Welt. Diese Ansicht trat überwiegend hervor im Anaxagoras, der auf den Anaximenes folgte und die Ionische Philosophie nach Athen brachte. Die inwohnende Seele der Welt, der Geist der in allem wirkt, ὁ νους, ist ihm der erste Ursprung der Dinge, das Schaffende Princip, daher auch Anaxagoras als erster Theist angesehn wird. Der Beiname νους mag ein Spottname gewesen seyn, weil er in die Philosophie, die damals Physik war, ein ganz hypothetisches, nicht nachweisbares Princip brachte. Mit seinem Schüler Archelaos sehn wir aber die Philosophie den Weg der Naturbetrachtung plötzlich verlassen, welches allein von

---

*) Diese Philosophen fragten also nicht, wie überhaupt eine Natur möglich sei, — diese ihrer Natur nach vorhergehende Frage warf zuerst Kant nach brittehalb tausend Jahren auf; — sondern sie fragten bloß wie eine so und so beschaffene Natur, als diese hier vorhandene ist, entstehen konnte. Erst nach 2½ Jahrtausenden also, fragte Kant nach einer Erklärung dessen, was die ersten Philosophen als gar keiner Erklärung bedürftig, als das, was sich von selbst versteht, angenommen hatten.

der Individualität des Sokrates herrührt, der eine einseitige Neigung für ethische Betrachtungen hatte, die freilich an sich ein viel interessanterer und würdigerer Gegenstand der Betrachtung sind, als die blindwirkenden Kräfte der Natur. Allein die Philosophie ist ein Ganzes, wie das Universum ein Ganzes ist, und so wenig man das Objekt ganz verstehen und ergründen wird, wenn man das Subjekt überspringt, wie die Jonier thaten, so wenig wird man das Subjekt, des Menschen Wollen und das Erkennen, welches das Wollen leitet, ganz und gar verstehn, wenn man das Objekt, das Ganze der Welt und ihr inneres Wesen, außer Acht gelassen hat.

Wir wissen zwar vom Leben des Sokrates ziemlich viel, von seinen Meinungen und Lehren aber äußerst wenig. Aus der Vortrefflichkeit seines Lebenslaufes, aus seinem großen Ansehn bei den Edelsten seiner Zeitgenossen, aus den ausgezeichneten Philosophen, die aus seiner Schule hervorgiengen und, so höchst verschieden ihre Lehren waren, doch alle ihn als ihren Lehrer anerkannten; aus allem diesen schließen wir auf die Vortrefflichkeit seiner Lehren, die wir eigentlich nicht kennen. Xenophon schildert ihn so platt, wie er nicht gewesen seyn kann, sonst er auch nicht dem Aristophanes Stoff zu den Wolken gegeben hätte: Platon schildert ihn zu phantastisch und braucht überhaupt nur seine Maske, unter welcher er selbst lehrt. So viel scheint indessen ganz gewiß, daß des Sokrates Philosophie eine bloße Ethik gewesen. —

Gleichzeitig mit Thales aber lehrte ein höchst wahrscheinlich viel größerer Mann als dieser: Pythagoras. Man könnte den Ursprung der occidentalischen Philosophie ebensowohl von Diesem als von Thales herleiten: denn, obwohl unsichere Angaben ihn auf seinen Reisen auch den Thales besuchen und von ihm lernen lassen, so kann dieser Einfluß des Thales nur einen kleinen Theil an seiner Bildung gehabt haben, da er den ganzen Orient durchwanderte, um überall zu lernen, folglich gar viele Lehrer dem

Thales diesen Schüler streitig machen würden: auch würde was er dem Thales verdankt wohl mehr Astronomie als Philosophie seyn. Er selbst steht auf einem viel höhern Standpunkt als Thales, ist nicht wie dieser fast nur hypothesirender Physiker und Astronom, sondern Philosoph im ganzen und großen Sinn dieses Worts, das bekanntlich ihm seinen Ursprung dankt. Seine Philosophie war eigentlich Metaphysik mit Ethik verbunden und sein Wissen umfaßt dabei zugleich eine ziemlich vollkommene Mathematik und alle Real-Kenntniß, die in seinem Zeitalter auf der weiten Erde mühsam zusammengesucht werden konnte. Er scheint die Vielseitigkeit und den Forschungstrieb des Aristoteles mit der Tiefe des Platon zugleich besessen zu haben. Wie er, der bekanntlich in Groß-Griechenland seine Schule und gewissermaaßen seinen Staat gründete, durch einen weiten Raum vom Thales getrennt war; so ist auch seine Lehre im Ganzen völlig unabhängig von der des Thales; und so gut als diese, die obendrein die Theogonien philosophischer Dichter vor sich hatte, ein erster Anfang der Philosophie.

Ewig beklagenswerth ist es, daß zwei so große Männer, wie Pythagoras und Sokrates, nie geschrieben haben. Es bleibt sogar schwer zu begreifen, wie Geister, die das gewöhnliche Menschenmaaß soweit überstiegen, entweder zufrieden seyn konnten, bloß auf ihre Zeitgenossen zu wirken, ohne Einfluß auf die Nachwelt zu suchen; oder daß sie sollten die Fortpflanzung ihrer Lehre genug gesichert geglaubt haben durch den Weg der [Schule], durch die Schüler, die sie durch mündlichen Unterricht gebildet. Von Pythagoras ist es nicht nur fast ganz gewiß, daß er nicht geschrieben; sondern auch, daß seine esoterische Lehre wie ein Mysterium verschwiegen gehalten wurde, mittelst eines Eides der Geweihten. Oeffentlich hielt er populäre Vorträge ethischen Inhalts an das Volk. Aber die eigentlichen Schüler mußten fünf Jahre hindurch mannigfaltige Prüfungen durchgehn: nur höchst wenige bestanden diese so, daß sie zum nackten, unverhüllten Unterricht des Pythagoras gelangten (intra velum), die anderen erhielten diese Lehren nur in symbolischer Einkleidung. — Pythagoras hatte wohl eingesehn, daß die meisten Menschen unfähig sind, diejenige Wahrheit zu fassen, welche den tiefsten Denkern des menschlichen Geschlechts offenbar geworden: daß sie daher jene Lehren mißverstehen und verdrehen, oder hassen und verfolgen, eben weil sie sie nicht verstehn und ihren Aberglauben dadurch gefährdet halten. Darum wollte er durch vielfältige Prüfungen, deren erste physiognomisch war, die Fähigsten, die in seinen Bereich kamen, auslesen und diesen allein das Beste mittheilen, was er wußte: diese sollten nach seinem Tode auf gleiche Weise seine Lehre fortpflanzen an auf gleiche Weise Auserwählte, und so sollte sie stets leben im Geiste der Edelsten. Der Erfolg lehrte, daß das nicht angieng: die Lehre erlosch mit seinen nächsten Schülern, von denen wenige zuletzt, als die Sekte völlig zerstreut und verfolgt war, Einiges aufgeschrieben haben sollen, um die Trümmer jener Weisheit zu bewahren. Von solchen Bruchstücken sind einzelne bis auf uns gekommen, besonders durch die Neuplatoniker Jamblichos, Porphyrios, Plotinos, Proklos, auch durch Plutarch, Aristoteles, Stobäos: aber Alles höchst unzusammenhängend und von unverbürgter Aechtheit. Besser wäre es gewesen, wenn Pythagoras es gemacht hätte, wie Herakleitos, der sein Buch im Tempel der Diana zu Ephesos niederlegte, daß es dort auf einen würdig es verstehenden Leser im Laufe der Jahrhunderte warten sollte.

Allein, wenn ich oben gesagt, daß man den Ursprung der occidentalischen Philosophie ebensowohl vom Pythagoras als vom Thales herleiten konnte, so ist hiegegen besonders dies einzuwenden, daß es überhaupt die Frage ist, ob nicht die Lehre des Pythagoras im Occident eine ganz fremde Pflanze und eigentlich zur Orientalischen Philosophie gehörig sei. Denn Pythagoras ist auf seinen Wanderungen, die über 30 Jahre gedauert haben sollen, nicht nur nach Aegypten, sondern auch nach Babylon und, wie es mir doch wahrscheinlich ist, bis nach Hindostan gekommen, und dorther scheint ganz und gar das Fundament seiner Lehre genommen zu seyn. Aus den Bruchstücken erhellt soviel fast unwidersprechlich, daß Pythagoras' Lehre im Wesentlichen die in Hindostan entstandene und dort noch vorhandene ist.*) Denn wir finden als Lehre des Pythagoras das in Europa bis dahin ganz fremde Dogma der Metempsychose, und in Folge desselben das Gebot der Enthaltung von thierischer Nahrung. Sogar aber soll das Dogma der Metempsychose zu den exoterischen gehört haben, und den esoterischen Schülern allein der wahre darunter verborgene Sinn eröffnet worden seyn. Grade so aber ist es in Indien: die Volksreligion glaubt fest die Metempsychose: die Vedas lehren statt dessen das Tatoumes, dessen wesentlichen Inhalt Sie weiterhin in der von mir Ihnen mitzutheilenden Philosophie wiederfinden werden.

Was Pythagoras symbolisch durch Zahlen gelehrt, wie er die Musik, die zuerst von ihm eine arithmetische Grundlage erhielt, damit in Verbindung gebracht, — das Alles liegt ganz im Dunkeln. Ueberhaupt gehört die Betrachtung der übergebliebenen vorgeblichen Lehren des Pythagoras nicht in diese ganz allgemeine historische Betrachtung. In seinen Ethischen Vorschriften erkennen wir eine Anleitung den Geist über alles Irdische hinaus zu erheben und das Leben gleichsam zu einem verklärten, betrachtenden Wandel umzugestalten: nach Indischer Weise; doch nicht ganz so auster und asketisch.

Von seiner Metaphysik scheint soviel gewiß, daß auch seine Lehre, wie die aller alten Philosophen Dem beizuzählen

---

*) Nach den neueren Untersuchungen der Engländer in Calcutta aber ist die alte Aegyptische Religion und die Aegyptische herrschende Priesterschaft ganz entschieden in uralter Zeit aus Hindostan gekommen: daher es nicht durchaus nothwendig ist, daß Pythagoras selbst bis Indien gekommen.

sei, was man Pantheismus nennt d. h. daß er eine Welt=
seele, ein in allen Wesen der Welt sich äußerndes Princip
annahm, welches er *Θεος* genannt haben soll, jedoch in der
Hauptstelle, welche im Dorischen Dialekt uns Justinus der
Märtyrer erhalten hat, sich ausdrücklich dagegen verwahrt,
daß dieser *Θεος* etwas außerhalb der Welt sei, vielmehr sei
das innere Lebensprincip der Welt damit gemeint.

Aus der Pythagorischen Schule ist später in Sicilien
Empedokles hervorgegangen, zu Agrigentum. Der Pytha=
gorische Ursprung seiner Philosophie giebt sich kund an der
Seelenwanderung und an dem in allen Dingen lebenden
nämlichen Wesen, wie auch am Verbot thierischer Nahrung.
Auch hat aber Empedokles deutlich ein Emanationssystem
gelehrt, einen sündlichen Abfall aus einem bessern Daseyn
ins gegenwärtige, aus welchem nach überstandener Strafe
und Läuterung die Seele zum bessern Daseyn zurückkehrt.

Den Empedokles sehn wir schon nicht bloß auf dem
objektiven Weg philosophiren, wie die frühern Philosophen,
sondern auch den subjektiven betreten und Untersuchungen
über den Ursprung der Erkenntniß anstellen, die sinnliche
von der vernünftigen unterscheiden und fragen, welcher zu
trauen? Dann entscheiden: der vernünftigen, nicht den
Sinnen. Ob er aber zuerst diesen Weg betrat, oder nach
Vorgang des Anaxagoras, der ziemlich gleichzeitig lebte, und
τα φαινομενα entgegengesetzt *τοις νοουμενοις*, ist ungewiß.
Diese Unterscheidung brachte ihn aber dahin eine sinnliche
und eine vernünftige Seele im Menschen anzunehmen (anima
sensitiva et rationalis), jene als Theil der ewigen Welt=
seele, diese als Theil der Materie darzustellen, und dadurch
den Dualismus von Geist und Materie einzuführen. Jene
zwei Seelen und diesen Dualismus finden wir noch beim
Cartesius, bei dem die vernünftige Seele, die aus lauter
abstrakten Gedanken und überlegten Beschlüssen besteht, Geist
und unsterblich ist, hingegen das Anschauende und Empfin=
dende Wesen, Materie, Maschine, wozu er auch die Thiere

rechnet. Es scheint, daß diese Unterscheidung zweier Seelen und jener Dualismus seit dem Empedokles bis auf den Cartesius nie ganz außer Kredit gekommen; sondern erst seit Kant. — Die Natur konstruirt Empedokles durch Liebe und Haß, d. i. Suchen und Fliehen, Anziehen und Abstoßen.

Ebenfalls aus der Pythagorischen Schule entsprossen ist die Eleatische, von Xenophanes gestiftet; jedoch hat sie schon einen ganz eigenthümlichen Charakter, berücksichtigt sehr das Subjektive, streitet subtil über die Vernunft und die Sinne als Quell wahrer Erkenntniß, ist aber ganz für die Vernunft, daher geht sie von Begriffen aus und leitet aus diesen Dinge ab, die der Erfahrung gradezu widerstreiten, z. B. die Unmöglichkeit der Bewegung, bleibt demnach der abstrakten Erkenntniß, dem $\nu o o \nu \mu \varepsilon \nu o \nu$ treu, im Gegensatz der Sinnenerkenntniß $\varphi \alpha \iota \nu o \mu \varepsilon \nu o \nu$. Man ist in neuerer Zeit wieder sehr aufmerksam auf die Eleaten geworden, weil sie ein Aehnliches mit dem Spinozismus haben, der auch erst in unsern Tagen zu Ehren gekommen. Uebrigens waren die Eleatischen Philosophen Xenophanes, Parmenides, Zeno Eleates, Melissos, sehr tiefe Denker, wie die wenigen Bruchstücke bezeugen: Brandis comment. Eleaticae. —

Ich darf jedoch nicht fortfahren, die Meinungen der alten Philosophen vorzutragen, da ich sonst Geschichte der Philosophie lehren würde, statt der Philosophie — denn ich müßte nunmehr ausführlich werden, da Philosophen folgen deren Schriften wir besitzen. — Die Eleaten wirkten wieder auf den Sokrates, in welchem sich also die beiden Zweige der alten Philosophie, der Ionische und der Italische vereinigen und beitragen den wunderbaren Mann zu bilden, von dem nachher die mannigfaltigsten Sekten ausgehn, Platon, mit der ganzen Akademie, mittelbar durch diesen Aristoteles, unmittelbar aber noch Aristippos der Hedoniker, Eukleides der Megariker (der die Eristische, streitende Schule stiftete), Antisthenes der Cyniker und Zeno der Stoiker.

Möge Ihnen je die Muße werden, sich mit dem was von diesen Denkern der Vorzeit übrig ist bekannt zu machen: es ist ein sehr schönes Studium, außerordentlich einflußreich auf die ächte Bildung des Geistes, da man in den Systemen der alten Philosophie gewissermaaßen lauter natürliche Entwickelungen des menschlichen Denkens findet, einseitige Richtungen, die einmal konsequent durchgeführt werden mußten, damit man sähe, was dabei herauskäme, so die Hedonik, der Stoicismus, der Cynismus, später der Skepticismus. Auf dem theoretischen Wege aber treten zwei gewaltige Geister einander gegenüber, die man als Repräsentanten zweier grosser und durchgreifender entgegengesetzter Geistesrichtungen im Spekulativen ansehn muß: Platon und Aristoteles. Erst aus meinem spätern Vortrage kann Ihnen verständlich werden, was den Gegensatz derselben am schärfsten bezeichnet, nämlich Aristoteles geht der Erkenntniß einzig am Leitfaden des Satzes vom Grunde nach: Platon hingegen verläßt diese, um die ganz entgegengesetzte der Idee zu ergreifen. Verständlicher wird es Ihnen seyn, wenn ich sage: Platon folgte mehr der Erkenntnißweise, aus welcher die Werke der schönen Künste jeder Art hervorgehn; Aristoteles hingegen war der eigentliche Vater der Wissenschaften, er stellte sie auf, sonderte ihre Gebiete und wies jeder ihren Weg. — In den meisten Wissenschaften, namentlich in allen, die der Erfahrung bedürfen, ist man seitdem viel weiter gekommen; hingegen die Logik brachte schon Aristoteles zu solcher Vollendung, daß seitdem im Wesentlichen derselben keine großen Verbesserungen zu machen waren. Aristoteles liebt das Scharfe, Bestimmte, Subtile, und hielt sich so viel möglich auf dem Felde der Erfahrung. Platon hingegen, der eigentlich in die Natur der Dinge viel tiefer eindrang, konnte grade in den Hauptsachen keinen scientifischen, sondern nur einen mythischen Vortrag seiner Gedanken finden. Grade dieser Vortrag aber scheint dem Aristoteles unzugänglich gewesen zu seyn; bei aller Schärfe gieng ihm die Tiefe ab, und es ist verdrießlich zu sehn, wie er das Hauptdogma seines grossen Lehrers, die Ideenlehre, mit trivialen Gründen angreift und eben zeigt, daß er den Sinn davon nicht fassen konnte. Grade diese Ideenlehre des Platon blieb zu allen Zeiten, bis auf den heutigen Tag, ein Gegenstand des Nachdenkens, des Forschens, Zweifelns, der Verehrung, des Spottes, so vieler und so verschieden gesinnter Köpfe im Laufe der Jahrhunderte: ein Beweis, daß sie wichtigen Inhalt und zugleich grosse Dunkelheit hatte. Sie ist die Hauptsache in der ganzen Platonischen Philosophie. Wir werden sie gründlich untersuchen, an ihrem Ort, im weitern Fortgange unserer Betrachtung, und da werde ich nachweisen, daß der eigentliche Sinn derselben ganz übereinstimmt mit der Hauptlehre Kants, der Lehre von der Idealität des Raumes und der Zeit: allein bei aller Identität des Inhalts dieser beiden grossen Hauptlehren der zwei größten Philosophen, die es wahrscheinlich je gegeben hat, ist der Gedankengang, der Vortrag, die individuelle Sinnesart beider so grundverschieden, daß vor mir Niemand die Identität des innern Sinnes beider Lehren eingesehen hat. Vielmehr suchte man auf ganz andern Wegen Beziehungen, Einheitspunkte zwischen Platon und Kant, hielt sich aber an die Worte, statt in den Sinn und Geist zu bringen. Die Erkenntniß dieser Identität aber ist von der größten Wichtigkeit, weil eben, da beide Philosophen auf so ganz verschiedenen Wegen zum selben Ziel gelangten, auf so grundverschiedene Weise dieselbe Wahrheit einsehn und mittheilen, die Philosophie des einen der beste Kommentar zur Philosophie des andern ist. Den Gegensatz aber, der sich so entschieden und deutlich zwischen Platon und Aristoteles aussprach, sehn wir nachher im düstern Mittelalter wieder auftreten im sonderbaren Streit zwischen Realisten und Nominalisten.

In den Dialogen des Platon, wo er in der Person des Sokrates spricht, hat er die Methode seines Lehrers darin beibehalten, daß er zu keinem entschiedenen Resultate geradezu leiten will, sondern nachdem er die Probleme lange hin und her gewendet, sie von allen Seiten betrachtet, alle Data zu ihrer möglichen Auflösung vorgeführt, nun die Auflösung, die Entscheidung dem Leser selbst überläßt, seiner eigenen Sinnesart gemäß. Vom Platon gilt, was man nach Kants Vorgang fälschlich auf alle Philosophen überträgt, daß man von ihm nicht sowohl die Philosophie, als das Philosophiren lernen kann. Er ist die wahre Schule des Philosophen, an ihm entwickeln sich philosophische Kräfte, wo sie vorhanden sind, am allerbesten. Daher hat jeder gewesene und wird jeder künftige Philosoph dem Platon unendlich viel zu danken haben: seine Schriften sind die wahre Denkschule, jede philosophische Saite des Gemüths wird angeregt und doch nicht durch aufgebrungene Dogmen wieder in Ruhestand versetzt, sondern ihr Thätigkeit und Freiheit gegeben und gelassen. Wer daher von Ihnen philosophische Neigung in sich spürt, der lese anhaltend den Platon: er wird nicht etwan gleich aus ihm ganz fertige Weisheit zum Aufspeichern nach Hause tragen, aber er wird denken lernen und zugleich disputiren lernen, Dialektik: er wird die Nachwirkung eines aufmerksamen Studiums des Platon in seinem ganzen Geiste spüren.

Von den übrigen Sekten, die aus Sokrates' Schule entsprangen,*) zu reden, würde zu weit führen. Die Ethik der Stoiker werden wir im Zusammenhang unserer ferneren Betrachtungen auseinandersetzen. Nach diesen vom Sokrates ausgegangenen Philosophen finden sich keine originellen, ursprünglichen Denker mehr: an den von ihm ausgegangenen Lehren, Ansichten, Methoden mußte die ganze Nachwelt fast zwei Jahrtausende hindurch zehren, nach Abirrungen immer wieder auf dieselben Wege zurückkommen, in der Römerwelt das von jenen Griechen Gelernte mannigfaltig hin- und

---

*) Akademikern, Peripatetikern, Megarikern, Hedonikern, Cynikern, Stoikern, Skeptikern u. s. w.

herwenden, annehmen und darüber streiten, so daß wir die größten Männer des Römischen Staats sich Peripatetiker, Stoiker, Akademiker, Epikuräer nennen sehn; dann mußte die Lehre Platons zu Alexandrien als Neuplatonismus ein wunderliches Gemisch religiöser Dogmen und Platonischer Lehren hervorbringen: dann gab später Platon den Kirchenvätern Nahrung; sodann kam die lange Nacht des Mittelalters, in der kein andres Licht leuchtete als ein schwacher Wiederschein von dem des Aristoteles, und von den andern Philosophen der Alten nur die Namen bekannt und wie fabelhafte Heroen der Vorzeit genannt wurden. Wie endlich im 14. und 15. Jahrhundert die Wiederherstellung der Wissenschaften eintrat, so waren es ja eben wieder jene Schüler des Sokrates, welche die Menschheit des Occidents aus der tiefen Barbarei und der jämmerlichsten Befangenheit herausrissen. Nun gab es, im 15. und 16. Jahrhundert wieder Platoniker, Peripatetiker, Stoiker, Epikuräer, ja Pythagoreer, Eleaten und Jonische Philosophen! So unglaublich groß, so weitreichend, so kräftig ist die Wirkung einzelner Köpfe auf die ganze Menschheit und so selten sind wirkliche ursprüngliche Denker, so selten auch die Umstände, die sie zur Reise, zur Ausbildung, zur Wirksamkeit gelangen lassen.

Mit dem Eintritt des Christenthums mußte, wie die Weltgeschichte, so auch die Philosophie eine ganz andere Gestalt annehmen: letztere gewiß eine sehr traurige, da ein festes, vom Staat sanktionirtes, mit der Regierung jedes Staates ganz eng verknüpftes Dogma eben das Feld einnahm, auf welchem die Philosophie sich allein bewegt. Alles freie Forschen mußte nothwendig ganz aufhören. Die Kirchenväter benutzten inzwischen aus der Philosophie der Alten, was eben zu ihren Lehren brauchbar war und paßte: das Uebrige verdammten sie und sahen mit Abscheu auf das blinde Heidenthum.

Im eigentlichen Mittelalter, wo die Kirche den höchsten Gipfel erreichte, und die Geistlichkeit die Welt beherrschte, mußte diesem entsprechend die Philosophie am tiefsten sinken, ja in gewissem Sinne, nämlich als freies Forschen betrachtet, untergehn und statt ihrer ein Zerrbild ihrer selbst, ein Gespenst, das bloß Form ohne Substanz war, unter ihrem Namen dastehn: die Scholastik. Diese gab nie vor, etwas Anderes [sein] zu wollen, als die Dienerin der Theologie, profitetur philosophia se theologiae ancillari, nämlich ihre Dogmen erklären, erläutern, beweisen u. s. f. Der Kirchenglaube herrschte nicht nur in der Aussenwelt und mit physischer Macht so, daß die leiseste Abweichung von ihm ein todeswürdiges Verbrechen war; sondern er hatte sich, dadurch, daß alles Denken und Thun sich nur um ihn drehte, auch wirklich der Geister, die schon mit dem allererstem Bewußtseyn sogleich ihn aufnehmen mußten, dergestalt bemächtigt, daß er die Fähigkeit des Denkens, nach dieser Seite hin, gänzlich lähmte, und Jeder, selbst der Gelehrte, die hyperphysischen Dinge, die der Glaube lehrte, für wenigstens so real hielt, als die Aussenwelt, die er sah, und wirklich nie dahin kam, nur zu merken, daß die Welt ein ungelöstes Räthsel ist; sondern die früh aufgedrungenen Dogmen galten ihm wie faktische Wahrheit, an der zu zweifeln Wahnsinn wäre. Es konnte, vor dem lauten, von allen Zeiten tönenden Ruf des Glaubens, gar Keiner nur zu so viel Besinnung kommen, daß er sich einmal ernstlich und ehrlich fragte: wer bin ich? was ist diese Welt? die auf mich gekommen ist, wie ein Traum, dessen Anfang ich mir nicht bewußt bin. — Wie soll aber wer noch nicht einmal das Räthsel vernehmen kann, die Lösung finden? An Nachforschung der Natur war auch nicht zu denken: dergleichen brachte in den Verdacht der Zauberei. Die Geschichte schwieg: die Alten waren meist unzugänglich; ihr Studium brachte Gefahr. Aristoteles, in ganz schlechten und verdrehten Saracenischen Uebersetzungen wurde gelesen und als übermensch-

lich verehrt, eben weil man ihn gar nicht verstand. Und
doch lebten auch damals, eben unter den Scholastikern, Leute
von Geist und grosser Denkkraft. Ihr Loos ist durch ein
Gleichniß verständlich zu machen: man denke sich einen leb=
haften Menschen von Kindheit auf in einem Thurme ge=
fangen, ohne Beschäftigung und Gesellschaft. Er wird aus
den wenigen Gegenständen, die ihn umgeben, sich eine Welt
konstruiren und sie mit seinen Phantasien bevölkern. So
die Scholastiker, in ihren Klöstern eingesperrt, ohne deutliche
Kunde von der Welt, von der Natur, vom Alterthum,
von der Geschichte; allein mit ihrem Glauben und ihrem
Aristoteles, konstruirten sie eine christlich=aristotelische Meta=
physik: ihr einziges Bauzeug waren höchst abstrakte Begriffe,
die weit von aller möglichen Anschaulichkeit lagen: ens, substantia, forma, materia, essentia, existentia, forma
substantialis und forma accidentalis, causa formalis,
materialis, efficiens und finalis, haecceitas, quidditas,
qualitas, quantitas, u. s. f. Dagegen an Realkenntniß
fehlte es ganz: der Kirchenglaube vertrat die Stelle der wirk=
lichen Welt, der Erfahrungswelt. Und so, wie die Alten
und heute wir über diese wirkliche, in der Erfahrung da=
liegende Welt philosophiren, so philosophirten die Schola=
stiker nur über den Kirchenglauben: den erklärten sie;
nicht die Welt. Wie sehr ihnen alle Kunde von dieser ab=
gieng, spricht sich höchst naiv darin aus, daß sie alle ihre
Beispiele gleich von hyperphysischen Dingen nehmen: z. B.
so: sit aliqua substantia, e. c. Deus, Angelus: denn
dergleichen liegt ihnen immer viel näher als die Erfah=
rungswelt.

Am Leitfaden der unverstandenen und in ihrer gänz=
lichen Verstümmelung unverständlichen Aristotelischen Meta=
physik wurde nun aus solchen abstrakten Begriffen und ihrer
Entwickelung eine Philosophie gemacht, die aber in allen
Stücken mit dem bestehenden und wunderlich zusammenge=
kommenen Kirchenglauben harmoniren mußte. Der rege,

thätige Geist, bei unausgefüllter Muſſe, nahm vor was er allein hatte, jene Abſtrakta, ordnete, ſpaltete, vereinigte Begriffe, warf ſie hin und her und entfaltete ſelbſt bei dieſem unfruchtbaren Geſchäft oft bewundernswürdige Kräfte, Scharfſinn, Kombinationsgabe, Gründlichkeit, die eines beſſern Stoffes würdig geweſen wären. Selbſt manche wahre und vortreffliche Gedanken, auch in Hinſicht auf den menſchlichen Geiſt lehrreiche Unterſuchungen ſind in den Scholaſtikern anzutreffen: aber der Zeitverluſt bei den weitläuftigen Schriften jener müſſigen Denker iſt ſo groß, daß man ſich höchſt ſelten an ſie wagt.*)

Nachdem nun ſchon das Licht der wiederauflebenden klaſſiſchen Litteratur ſeine Strahlen in die Nacht der Scholaſtik warf und ihre Nebel zerſtreute, die Geiſter empfänglich für das Beſſere gemacht und zugleich der Kirche eigentlich den erſten Stoß verſetzt hatte, auf den bald ein viel ernſtlicherer folgte, die Reformation: da traten endlich am Ende des 16. Jahrhunderts Männer auf, welche durch Lehre und Beiſpiel zeigten, daß auf die Zeit, worin die Menſchheit ſo tief geſunken war (im Intellektuellen), daß ſie von ihren eigenen freien Geiſteskräften etwas zu hoffen durchaus nicht wagte, ja für vermeſſen und frevelhaft hielt, ſondern ſie alles Heil und Licht einzig und allein, theils von der Offenbarung, theils von den Schriften der Alten, den Denkmalen eines eblern und ſtärkern Geſchlechts hoffte; — daß, ſage ich, auf dieſe Zeiten dennoch wieder andre folgen könnten, in denen die Menſchheit aus dem Zuſtande der Unmündigkeit heraustreten und wieder die eigenen Kräfte gebrauchen, auf eigenen Beinen ſtehen könnte. Schon Cardanus gab ein Beiſpiel des eigenen Forſchens in der Natur und des eigenen Denkens über das Leben. Beſonders aber trat Bako von Verulam auf und reformirte den ganzen Geiſt der Wiſſenſchaften. Statt des Weges, den die ganze

---

*) (Als Probe Suarez disp: met:)

Scholastik und zum Theil selbst die Alten gegangen waren, vom Allgemeinen zum Besondern, vom Abstrakten zum Anschaulichen, welches der Weg des Syllogismus ist, stellte er als den allein rechten den umgekehrten Weg dar, den vom Besondern zum Allgemeinen, vom Anschaulichen zum Abstrakten, vom Fall zur Regel, den Weg der Induktion, die allein ausgehen kann von der Erfahrung. — Er hatte es nicht auf spekulative Philosophie abgesehn, sondern auf empirisches Wissen, besonders auf Naturwissenschaft. Alle die grossen Fortschritte dieser in den letzten 200 Jahren, vermöge welcher unsre Zeit auf alle früheren wie auf Kinder herabsieht, haben ihren Ursprung, ihren Ausgangspunkt in der Reform Bako's; diese freilich aber war durch den Geist der Zeit herbeigeführt. Was Luther in der Kirche, ist Bako in der Naturwissenschaft. In der Philosophie ward er, obwohl er selbst nicht spekulirte, noch weniger ein System schuf, Anlaß und indirekter Urheber des eigentlichen Empirismus, der sich schon ganz deutlich aussprach in seinem jüngern Zeitgenossen Hobbes, und endlich ganz vollendet sich hervorthat in Locke, dessen System eine nothwendige Stufe zu seyn scheint, auf der der menschliche Geist einmal stehen mußte. In England herrscht Locke eigentlich noch jetzt. Bako veranlaßte auch die Stiftung der Königlichen Gesellschaft der Wissenschaften in London, und wie er vom Spekuliren zum Experimentiren leitete und mehr die Naturwissenschaft als die Philosophie hob; so ist es noch ganz in Bako's Geist, daß man in England unter natural philosophy Experimental=Physik und unter philosophical transactions die unphilosophischeste aller Sammlungen, nämlich reine Erzählungen sehr schätzbarer Erfahrungen versteht.

Ueberhaupt können wir seit dem Anfange des 17. Jahrhunderts in Europa zwei verschiedene philosophische Stämme unterscheiden, den englischen und den französisch=teutschen. Obgleich sie auf einander wechselseitig einwirkten, so sind sie eigentlich doch getrennt und verschieden und gehn jeder für sich. Den englischen bilden Bako, Hobbes, Locke, Hume, deren Lehren durchaus im Zusammenhang stehn und im selben Geiste sind; wiewohl Hume als Skeptiker die Negative hält. Den französisch-teutschen Stamm bilden Cartesius, Mallebranche, Leibnitz, Wolf. — Eigentlich ganz unabhängig von beiden Stämmen, dem Geiste nach, wiewohl unter dem Einfluß ihrer Form, stehen zwei Männer am Ende des 16. und Anfang des 17. Jahrhunderts, in denen unstreitig viel grösserer philosophischer Tiefsinn, Ernst und Kraft lebte, als in allen jenen: Jord. Brunus und Bened. Spinoza. Sie gehören nicht ihrem Jahrhundert, noch ihrem Welttheil an, die dem Einen mit dem Tode, dem Andern mit Verfolgung und Schimpf lohnten, und denen sie immer fremd blieben. Ihre Geistesheimath war Hindostan, dort waren und sind ähnliche Ansichten zu Hause. Man könnte im Scherz sagen, sie wären Brahminenseelen, zur Strafe ihrer Vergehungen in europäische Leiber inkarnirt, gewesen. Sie haben keine Sekte gestiftet und eigentlich nicht auf den Geist ihrer Zeit, noch auf den Gang der Philosophie unmittelbar eingewirkt. Die Zeit war nicht reif für sie: ihnen sollte erst viel später, erst im 19. Jahrhundert, die gebührende Ehre werden. Beide, sowohl Bruno, als Spinoza, waren erfüllt und durchdrungen von dem Gedanken, daß, so mannigfaltig auch die Erscheinungen der Welt seien, es doch ein Wesen sei, welches in ihnen allen erscheine, welches durch sich allein da wäre, sich ungehindert äussert und ausser welchem es nichts gäbe; daher in ihrer Philosophie Gott als Schöpfer keinen Raum findet, sondern die Welt selbst, weil sie durch sich selbst ist, von ihnen Gott genannt wird. Bruno unterscheidet sehr deutlich das innere Wesen der Welt (die Weltseele) von dessen Erscheinung, die er den Schatten und das Abbild (ombra, simulacro) jenes nennt; [er] sagt, daß was die Vielheit in den Dingen macht, nicht jenem innern Wesen der Welt zukomme, sondern nur dessen Erscheinung; daß jenes innere Wesen in jedem Dinge der

Natur ganz wäre; denn es sei untheilbar: endlich daß im Wesen an sich der Welt Möglichkeit und Wirklichkeit dasselbe seien.

Spinoza lehrt im Ganzen dasselbe: er lebte gleich nach dem Bruno; ob er ihn gekannt, ist ungewiß, doch höchst wahrscheinlich. Er hatte weniger Gelehrsamkeit, besonders weniger alte Litteratur [inne], als Bruno, welches sehr zu bedauern ist; denn er bleibt, was den Vortrag, die Form der Darstellung betrifft, ganz befangen in dem, was die Zeit bot, in den Begriffen der Scholastik, in der Demonstrirmethode, die er mathematisch nennt, im Gange und in den Beweisen des Cartesius, an dessen Philosophie er die seinige unmittelbar knüpft. Er bewegt sich daher mit grosser Mühe in diesem Apparat von Begriffen und Worten, die gemacht waren, ganz andere Dinge auszudrücken, als er zu sagen hatte, und mit denen er stets kämpfen muß. Bruno hatte auch Kenntniß der Natur, die dem Spinoza zu fehlen scheint; Bruno stellt Alles mit italiänischer Lebhaftigkeit dar, in Dialogen, die grosses dramatisches Verdienst haben; Spinoza, der Holländer, bewegt sich schwer und bedächtig in Propositionen, Demonstrationen, Korollarien und Scholien. — Indessen lehren Beide ganz dasselbe, sind von derselben Wahrheit, demselben Geist ergriffen, und es ist nicht zu sagen, wer tiefer eingedrungen sei, obwohl Spinoza gründlicher, methodischer, ausführlicher zu Werke geht. Er lehrt besonders, daß das Eine bestehende Wesen zwei Formen seiner Erscheinung habe, Ausdehnung und Denken, worunter er Vorstellen versteht; sah aber nicht ein, daß die Ausdehnung selbst zur Vorstellung gehört, daher nicht der Gegensatz seyn kann.

Mit der Ethik steht es bei beiden sehr schlecht: Bruno giebt, so viel ich gefunden, gar keine. Spinoza giebt eine, gut gemeinte, aber sehr schlechte, da durch die gröbsten, plumpsten Sophismen aus egoistischen Principien reine Moral abgeleitet wird. Wie in der Musik falsche Töne viel mehr beleidigen, als eine schlechte Stimme; so in der Philosophie Inkonsequenzen, falsche Folgerungen mehr, als falsche Principien: Spinoza's Moral vereinigt aber Beides: seine einzelnen Sätze über Recht und andere Gegenstände beleidigen das Gefühl jedes denkenden Menschen auf's Heftigste. Sonderbar, daß er seine Philosophie Ethik inskribirt: man pikirt sich immer dessen am meisten, wozu man am wenigsten Anlage hat. —

Ich sagte vorhin, daß, nachdem in der alten, wie in der neuen Zeit die Philosophie theils Dogmatismus, theils Skepticismus gewesen war, deren Krieg durch alle Jahrhunderte gedauert und in den mannigfaltigsten Gestalten sich dargestellt hatte, Kant endlich diesen Streit auf immer zu entscheiden unternahm durch eine Untersuchung des Subjekts, der Erkenntnißkräfte, um ein für allemal festzusetzen, was sich, auf dem Wege, den man bisher als den allein möglichen angesehen hatte, leisten lassen könne.

Dieser Weg bestand aber darin, daß man die Außenwelt, die Objekte, als für sich bestehende schlechthin reale Dinge betrachtete und dennoch nach Grundsätzen, die vor aller Erfahrung gewiß wären, entscheiden wollte, wie ein für allemal solche Dinge beschaffen seyn müßten: dies nannte man Ontologie. Kant zeigte, daß eben weil man vor aller Erfahrung über ihre Beschaffenheit urtheilen könne, sie keine Dinge an sich wären, sondern Erscheinungen. Und diese Wahrheit, daß eben weil wir über die Beschaffenheit der die vorhandene Welt ausmachenden Dinge das Allgemeinste durchaus vor aller Erfahrung, d. i. a priori wissen, diese Dinge schlechterdings nur Erscheinungen sind, nicht Dinge an sich, nicht so, wie sie erscheinen, für sich bestehende Wesen, und der hieraus entspringende Unterschied zwischen Erscheinung und Ding an sich: — ist der Kern der ganzen Kant'schen Philosophie, die Erkenntniß davon ist der Geist derselben.

Kant führte aber bei dieser Gelegenheit die Philosophie

so sehr von der Außenwelt in die Innenwelt zurück, warf ein so helles Licht in das Subjekt alles Erkennens, zeigte eine so große Bedeutsamkeit des Subjekts im Verhältniß zu allen möglichen Objekt; — daß sich der Philosophie ein ganz neuer Weg, eine neue Sphäre eröffnete, die bis dahin unbekannt geblieben, ja die Kant selbst noch nicht erblickte, weil seine Kräfte, so außerordentlich sie auch waren, durch das, was er geleistet, ihr Maaß erfüllt sahen; so daß er, weil er nicht zum zweiten Mal jung werden und einen neuen Anlauf nehmen konnte, zwar die Menschheit um ein Großes weiter brachte, jedoch auf einen Punkt, auf welchem sie nicht auch nur einige Jahre hindurch stille stehn konnte, sondern sogleich das Bedürfniß fühlte, weiter zu gehn, den ersten besten, die sich darboten, sich als ihren Führern anvertraute (sie als große Propheten ausschreiend, aber das Geschrei auch wieder verhallen ließ) und die sonderbare Periode zahlloser Ausgeburten, ephemerischer, zum Theil monstroser Erscheinungen erlebte, welche die Geschichte der Philosophie dieser letzten 30 Jahre ausmachen. Dieses Alles beweist, daß Kant nichts weniger leistete als was er vermeinte, eine endliche Entscheidung aller metaphysischen Streitigkeiten und einen endlichen Ruhepunkt der Philosophie; sondern ganz im Gegentheil eröffnete er eine neue Bahn, die so einladend war, daß Unzählige sie betraten, ohne das einer mit dauerndem Glück und sichtbarem Gewinne sie gegangen wäre.

Wie wichtig, wie inhaltsreich Kants Schriften seyn müssen, können Sie schon aus dem Angeführten abnehmen: daher ich Jedem das Studium derselben empfehle. Wer es ernstlich treibt und fähig ist einzudringen, wird, wie ich Ihnen schon neulich sagte, einen ganz andern Blick in die Welt erlangen, die Dinge in anderm Lichte sehen, er wird sich und der Dinge mit mehr Besonnenheit bewußt seyn und merken, daß die Erscheinung nicht das Ding an sich ist. — Da ich in Dem, was ich Ihnen vortrage, von Kant ausgehe, so wird wer dessen Philosophie studirt hat, mich viel leichter und vollständiger fassen. Jedoch darf ich bei meinem Vortrag die Kant'sche Philosophie nicht voraussetzen, vielmehr werde ich die Hauptlehren derselben in jenen aufnehmen und ausführlich darstellen. Viele Lehren Kants habe ich unrichtig befunden und in einer Kritik seiner Philosophie dies dargethan. Die Hauptlehren, welche ich beibehalten, sind gerade die einfachsten, deren Darstellung keine große Weitläuftigkeit erfordert, daher ich sie desto leichter einweben kann. Jedoch wird immer Der Vieles voraus haben, der durch Studium der eigenen Schriften Kants die ganz eigene, unglaublich wohlthätige Einwirkung seines außerordentlichen Geistes unmittelbar empfangen hat. — Nun aber wieder, um Kant ganz und gar zu verstehen, ist es von großem Nutzen, ja nothwendig, seine Vorgänger zu kennen, einerseits Leibnitz und Wolf, andererseits Locke und Hume. Erst nachdem man durch Kant auf einen viel höheren Standpunkt gestellt, nun mit Superiorität gerüstet, zu diesen Lehrern des vorigen Jahrhunderts zurückkehrt, sieht man, wo sie eigentlich fehlten, erstaunt, wie sie so große Dinge, so starke Unterschiede übersehen konnten, und indem man nun aus ihnen lernt, wohin jenes Uebersehen, jene Fehltritte führen, versteht man den Kant selbst sehr viel besser als vorher, und ermißt zugleich die ganze Größe seines Verdienstes. Einen ganz ähnlichen Nutzen gewährt nun durchweg das Studium der Geschichte der Philosophie. Es ist eine Geschichte von Irrthümern; aber sie sind überall mit Wahrheiten vermischt, und diese Wahrheiten lernt man vollständiger und gründlicher kennen, nachdem man sich daran geübt hat, sie von so verschiedenen Irrthümern, mit denen sie, zu verschiedenen Zeiten, eng verknüpft auftreten, herauszusondern, abzuscheiden.

Leider ist mir nicht vergönnt, die Geschichte der Philosophie mit Ihnen zu durchgehen. Ich muß in den unserm Zusammenseyn gewidmeten Stunden mich bestreben, Ihnen nicht mein Studium, sondern die Resultate meines Studiums und meines Denkens mitzutheilen. Das Beste, was ich vermag, ist, Sie auf den Standpunkt zu stellen, auf welchem ich selber stehe; ich kann Ihnen aber nicht zeigen, was Alles vorhergehen mußte, ehe es überhaupt möglich war, dahin zu gelangen. — Jedoch werde ich, bei manchen Anlässen, die Gelegenheit benutzen, einige Philosopheme aus berühmten Systemen zu erläutern, da nämlich, wo wir auf einem Standpunkt stehen, von dem aus sie besonders deutlich werden, sowohl was das Wahre in ihnen, als was den Ursprung und die Auflösung des Irrthums in ihnen betrifft.

Erster Theil.
Theorie des gesammten Vorstellens und Erkennens.

Exordium zur Dianoiologie.

Wenn man in einem Hause zu thun hat, pflegt man, ehe man hinein geht, doch einen Blick auf die Außenseite zu werfen. Wir haben es mit dem Intellekt von innen zu thun, d. h. vom Bewußtseyn ausgehend. Vorher wollen wir ihn kurz von Außen ansehen. Da ist er ein Gegenstand der Natur, Eigenschaft eines Naturprodukts, des Thieres und vorzüglich des Menschen. So ganz empirisch, ohne vorgefaßte Meinung ihn betrachtend, müssen wir ihn eine Funktion des menschlichen Lebens nennen, und zwar, wie alle andern Funktionen an einen besondern Theil gebunden, an das Gehirn. Wie der Magen verdaut, die Leber Galle, die Nieren Urin, die Hoden Saamen absondern, so stellt das Gehirn vor, sondert Vorstellungen ab, und zwar ist dieses (nach Flourens Entdeckung 1822, Memoires de l'Acad. des sciences 1821—22, V. 5—7.) ausschließlich Funktion des großen Gehirns, während das kleine die Bewegungen lenkt. Also der ganze Intellekt, alles Vorstellen, Denken, ist eine physiologische Funktion des großen Gehirns, der vordern Hemisphären, großen und kleinen lobi, des corporis callosi, glans pinealis, septum lucidum, thalami nervi etc. Aber diese Funktion hat etwas Eigenes, was sie gar höher stellt, als die Galle, welche die Leber, und den Speichel, welchen die Speicheldrüsen absondern, nämlich dieses: die ganze Welt beruht auf ihr, liegt in ihr, ist durch sie bedingt. Denn diese existirt nur als unsere (und aller Thiere) Vorstellung, und ist folglich von dieser abhängig und ohne sie nicht mehr. — Vielleicht scheint Ihnen Das paradox, und es ist wohl noch Einer und der Andere von Ihnen, der ganz ehrlich meint: wenn auch der Brei aus allen Hirnkasten geschlagen würde, so blieben darum Himmel und Erde, Sonne, Mond und Sterne, Pflanzen und Elemente doch stehn. — Wirklich? — Besehn Sie doch die Sache etwas in der Nähe. Stellen Sie sich eine solche Welt ohne erkennende Wesen einmal anschaulich vor: — da steht die Sonne, die Erde rotirt um sie herum, Tag und Nacht, die Jahreszeiten wechseln, das Meer schlägt Wellen, die Pflanzen vegetiren: — aber Alles, was Sie jetzt sich vorstellen, ist bloß ein Auge, das Das Alles sieht, ein Intellekt, der es percipirt: also eben das ex hypothesi Aufgehobene. Sie kennen ja keinen Himmel und Erde und Mond und Sonne so schlechthin, an und für sich; sondern, Sie kennen bloß ein Vorstellen, in welchem das Alles vorkommt und auftritt, nicht anders, wie Ihre Träume des Nachts auftreten; welche Traumwelt das Erwachen Morgens vernichtet: nicht anders wäre offenbar diese ganz Welt vernichtet, wenn der Intellekt aufgehoben oder, wie eben gesagt, der Brei aus allen Hirnkasten geschlagen wäre. Ich bitte, nicht zu meynen, das sei Spaaß: es ist Ernst. Die Konsequenzen, welche daraus für die Metaphysik fließen, gehn uns hier nichts an. Wir betrachten es hier bloß, um auf die große Wichtigkeit, die hohe Dignität des Intellekts aufmerksam zu werden, der der Gegenstand unserer ferneren Betrachtung ist, und zwar jetzt von Innen ausgehend, vom Bewußtseyn desselben: wir stellen Selbstbetrachtungen des Intellekts an.

Ueber die Endlichkeit und Nichtigkeit der Erscheinungen.

Ist nun also, wie bereits gezeigt, der Satz vom Grunde in allen seinen Gestaltungen das Princip der Dependenz, Relativität, Endlichkeit in allen Objekten für das Subjekt; und läßt sich, wie wir eben sahen, das ganze eigentliche Wesen jeder Klasse von Objekten zurückführen auf die Relation, die der Satz vom Grunde in derselben bestimmt, so daß die Erkenntniß jener Art der Relation auch die des Wesens der Klasse von Vorstellungen ist; so folgt, daß vermöge des Satzes vom Grunde, als der allgemeinen Form aller Objekte des Subjekts, diese Objekte selbst durch und durch nur in der Relation zu einander bestehn, nur ein relatives, bedingtes Daseyn haben, nicht ein absolutes, bestehendes Daseyn an und für sich. Jene Instabilität, die der Satz vom Grunde den Objekten ertheilt, ist am auffallendsten und sichtbarsten in seiner einfachsten Gestaltung, der Zeit: in ihr ist jeder Augenblick nur, sofern er den vorhergehenden, seinen Vater vertilgt hat, um selbst wieder eben so schnell vertilgt zu werden: Vergangenheit und Zukunft sind so nichtig, als irgend ein Traum, die Gegenwart allein ist wirklich da; aber sie ist nur die ausdehnungslose Gränze zwischen jenen beiden: was eben gegenwärtig war, ist schon vergangen.

Dieselbe Nichtigkeit, die uns hier augenfällig entgegentritt, ist aber dem Satze vom Grunde in jeder Gestalt eigen und auch jeder Klasse der Objekte, die er beherrscht, da, wie gezeigt, ihr Wesen eben nur in der Relation besteht, die er in ihr setzt, daher was von der Relation gilt auch auf die ganze Art der Vorstellung zu übertragen ist. Im Raume ist der Ort immer nur relativ, ist durch ein Anderes bestimmt. Wir erkennen nie unseren absoluten Ort; sondern nur den relativen. Wo sind wir? — da und da; die

Gränzen, die uns zunächst umgeben, kennen wir; diese haben andere Gränzen, und so in's Unendliche: denn der Raum ist unendlich: die Verhältnisse unseres Ortes zum nächsten Raume kennen wir; aber so weit wir unsere Kenntniß auch erstrecken, so ist dieser ganze Theil des Raumes endlich und begränzt, der Raum selbst aber unendlich und unbegränzt, so daß gegen ihn Ort und Lage, die wir einnehmen, alle Bedeutung verlieren, gänzlich verschwinden, ein unendlich Kleines werden, und unser Irgendwoseyn nicht viel mehr ist, als nirgends seyn.

In der Klasse der anschaulichen vollständigen Vorstellungen oder realen Objekte bringt das darin herrschende Gesetz der Kausalität dieselbe Nichtigkeit hervor, welche die Grundform derselben, die Zeit, hat. So wenig, als diese je stille steht, beharrt irgend etwas in ihr, die Materie als solche ausgenommen, welches wir aus dem Antheile des Raumes an ihr abgeleitet haben. Materie als solche ist nicht anschaubar, sondern nur mit der Form; aber alle Zustände der Materie, alle Formen, sind im steten Entstehn und Vergehn begriffen; sie werden durch Ursachen, und vergehen durch Ursachen, hängen stets von Ursachen ab, und das ganze Wesen der Welt ist ein beständiger Wandel und Wechsel. Wie die Zeit und der Raum selbst, so hat Alles, was in ihnen ist, nur ein relatives Daseyn, ist nur durch und für ein Anderes, ihm Gleichartiges, d. h. selbst nur wieder eben so Bestehendes: daher ist nichts durch sich selbst, daher hat nichts Bestand. Unter unseren Händen schwindet Alles, wir selbst nicht ausgenommen.

Wir sehn also, daß eben weil der Satz vom Grunde in seinen verschiedenen Gestalten die Form alles Objekts ist; auch alles Objekt jener Endlichkeit, Zeitlichkeit, Dependenz, Instabilität, Relativität anheimgefallen ist, deren eigentliches Princip jener Satz ist; daher nur ein relatives Seyn hat; ist und wieder nicht ist. Das Wesentliche dieser Ansicht ist sehr alt, ja ein lebhaftes und beständiges Bewußt=

seyn derselben scheint zur Eigenthümlichkeit philosophischer Geister zu gehören und hauptsächlich sie stets zum Nachdenken aufzufordern. Daher sehn wir schon den Herakleitos den ewigen Fluß der Dinge bejammern.*) Die Eleatiker reden von einer beharrenden Substanz, die immer ist und immer sich gleich ist, ohne Bewegung und Veränderung ($\alpha\mu\varepsilon\tau\alpha\beta\lambda\eta\tau o\nu$); Dem, was sich bewegt und verändert, sprechen sie alles Seyn ab, erklären es für bloßen Schein. — Platon nennt alle Dinge dieser Welt das immerdar Werdende, aber nie Seyende, das daher auch gar nie Gegenstand eines Wissens seyn könne, sondern nur einer auf Empfindung gestützten Meinung. Und er redet als Gegensatz von dem immerdar Seyenden, nie Gewordenen, nie Vergehenden, den ewigen Ideen: von denen allein es ein rechtes Erkennen und Wissen gäbe, suo loco. — Das Christenthum nennt diese Welt die Zeitlichkeit, sehr treffend, nach der einfachsten Gestaltung des Satzes vom Grunde, dem Urtypus aller andern, der Zeit, und redet im Gegensatz hiezu von der Ewigkeit. — Spinoza lehrte, das allein Seyende wäre die ewige Substanz, das Ganze der Welt, auf ewige, nicht auf zeitliche Weise erkannt; sie wäre durch sich selbst und bedürfte keines Andern als ihrer Ursache; sie bliebe sich immer gleich: aber das in der Zeit Entstehende, Vergehende, Bewegliche, Vielfältige, — das wären die bloßen Accidenzien jener einen beharrenden Substanz. — Der grosse Kant erklärt Alles, was in Zeit und Raum und als Ursache und Wirkung sich darstellt, für bloße Erscheinung, die er entgegensetzt dem Dinge an sich, dem alle jene Formen fremd wären.

Diese Ansicht ist es eben auch, welche, durchgeführt und

---

*) $\text{Ρειν τα ὁλα ποταμου δικην.}$
Diog. Laert.
$\text{Λεγει που Ἡρακλειτος, ὁτι παντα ῥει, και ουδεν μενει· και ποταμου ῥοη απεικαζων τα οντα, λεγει, ὡς δις εις τον αυτον ποταμον ουκ αν εμβαιης.}$
Plat. Cratyl.

genauer erklärt, allen unseren ferneren Betrachtungen zum Grunde liegen wird. — Eben dieselbe Ansicht finden wir auch im Orient, bei dem weisesten und ältesten aller Völker, den Hindu's: sie drücken in ihrer Mythologie oder Volks= religion die Sache etwa so aus: Diese ganze wahrnehmbare Welt ist das Gewebe der Maja, welches wie ein Schleier über die Augen aller Sterblichen geworden ist und sie nun eine Welt sehen läßt, von der man weder sagen kann, daß sie sei, noch auch daß sie nicht sei: denn sie ist, wie ein Traum ist: ihre Erscheinung gleicht dem Wiederschein der Sonne in der Sandwüste, welchen der durstige Wanderer von fern für ein Wasser ansieht, oder auch dem hingewor= fenen Strick, den er für eine Schlange hält.

In allen diesen so verschiedenen Ausdrücken philoso= phirender Geister erkennen Sie dieselbe Grundansicht wieder, das Bewußtseyn der Instabilität, Relativität und dadurch der Nichtigkeit aller Dinge, denen eben deshalb das eigent= liche Seyn abgesprochen und nur ein scheinbares zuerkannt wird. — Wir aber haben diese Beschaffenheit aller erscheinen= den Dinge, d. h. aller Objekte des Subjekts, zurückgeführt auf ihre innere und gemeinschaftliche Wurzel. Sie sind erst= lich nur Vorstellungen, und als solche bedingt durch das Subjekt, also schon deshalb nur relativ da: nur Erschei= nungen, nicht Ding an sich. Zweitens ist ihre gemeinschaft= liche Form der Satz vom Grunde, der in verschiedenen Ge= stalten sich darstellt, im Wesentlichen aber nur einer ist: er erscheint als Zeit, als Raum, als Kausalität, als Motiva= tion, als Begründung der Erkenntniß. Das Gemeinschaft= liche aller dieser Formen, wie ihr Unterscheidendes haben wir gesehn und haben erkannt, daß so wie sie in einem ge= meinschaftlichen Ausdruck, welches der Satz vom Grunde ist, zusammentreffen, sie auch aus einer Urbeschaffenheit unseres Erkenntnißvermögens stammen müssen; die Wurzel des Satzes vom Grunde.

Zweiter Theil.
Metaphysik der Natur.

Den 2ten Theil meiner Betrachtungen betitle ich „Metaphysik", zur Unterscheidung der beiden noch folgenden nenne ich ihn zwar Metaphysik der Natur; aber eigentlich liegt hierin eine Tautologie. Wir wollen vorläufig die Bedeutung des Wortes Metaphysik erörtern. Denn Sie alle haben den Ausdruck schon oft gehört; aber wahrscheinlich würde es Ihnen schwer werden bestimmt anzugeben, was eigentlich damit gemeint sei: denn die Bedeutung des Wortes ist mit der Zeit sehr vieldeutig geworden und hat sich nach verschiedenen Systemen bequemen müssen. „Metaphysik" — es ist ein schöner Name! „Das was jenseit der Natur und des bloß Natürlichen, jenseit der Erfahrung, liegt, — oder die Erkenntniß desjenigen dessen Erscheinung die Natur ist, das sich in der Natur offenbart" — die Erkenntniß des Kerns, dessen Hülle die Natur ist; — die Erkenntniß dessen wozu sich die Erfahrung als bloßes Zeichen verhält; — in diesem Sinne klingt das Wort so reizend im Ohre Jedes der zum tiefen Denken gestimmt ist, dem die Erscheinung der Welt nicht genügt, sondern der das wahre Wesen in ihr erkennen möchte. Diesen Sinn giebt schon die Etymologie des Worts an und in diesem Sinne überhaupt nehme auch ich das Wort Metaphysik. Auch glaube ich, daß dieses mit dem ursprünglichen Sinne des Worts so ziemlich zusammentrifft. — — Ich habe nämlich gefunden, daß unsre Erkenntniß von der Welt nicht durchaus beschränkt ist auf die bloße Erscheinung, sondern wir allerdings data haben zur Erkenntniß des innern Wesens der Welt, desjenigen davon sie die Erscheinung ist, ihres innern Wesens und Kerns, also, da die Natur bloße Erscheinung ist, desjenigen was jenseit der Natur liegt, des innern Wesens, des Ansicht der Natur: die Lehre von dieser Erkenntniß macht den 2ten Theil aus, den ich jetzt beginne: sie heißt demnach Metaphysik, oder tautologisch, jedoch bestimmter bezeichnend Metaphysik der Natur.

Dritter Theil.
Metaphysik des Schönen.

Was ich hier vortragen werde, ist nicht Aesthetik; sondern Metaphysik des Schönen, daher bitte ich nicht etwa die Regeln der Technik der einzelnen Künste zu erwarten. Hier so wenig als in der Logik oder nachher in der Ethik ist unsre Betrachtung gradezu auf das Praktische gerichtet, in Form von Anweisung zum Thun oder Ausüben; sondern wir philosophiren überall, d. h. verhalten uns rein theoretisch. Aesthetik verhält sich zur Metaphysik des Schönen, wie Physik zur Metaphysik der Natur. Aesthetik lehrt die Wege, auf welchen die Wirkung des Schönen erreicht wird, giebt den Künsten Regeln, nach welchen sie das Schöne hervorbringen sollen. Metaphysik des Schönen aber untersucht das innere Wesen der Schönheit, sowohl in Hinsicht auf das Subjekt, welches die Empfindung des Schönen hat, als im Objekt, welches sie veranlaßt. Hier werden wir demnach untersuchen, was das Schöne an sich sei, d. h. was in uns vorgeht, wenn uns das Schöne rührt und erfreut; und da ferner dieses hervorzubringen die Wirkung ist, welche die Künste beabsichtigen; so werden wir untersuchen, welches das gemeinsame Ziel aller Künste, der Zweck der Kunst überhaupt sei, und dann zuletzt auch wie jede einzelne Kunst auf einem ihr eigenen Wege zu jenem Ziel gelangt.

Diese ganze Betrachtung des Schönen aber, nehmen wir nicht müssig vor, nicht so ex nunc, weil es uns eben beifällt, daß es auch ein Schönes und Künste giebt; sondern diese Betrachtung ist ein nothwendiger Theil des Ganzen der Philosophie, ist ein Mittelglied zwischen der abgehandelten Metaphysik der Natur und der folgenden Metaphysik der Sitten: sie wird jene viel heller beleuchten und diese sehr vorbereiten. Wir betrachten nämlich das Schöne als eine Erkenntniß in uns, eine ganz besondere Erkenntnißart und fragen uns, welche Aufschlüsse diese uns über das Ganze unsrer Weltbetrachtung ertheilt.

Vierter Theil.
Metaphyſik der Sitten.

Die Philoſophie kann nirgends mehr thun, als das Vorhandene deuten und erklären, das Weſen der Welt, welches in concreto d. h. als Gefühl Jedem verſtändlich ſich ausſpricht, zur deutlichen abſtrakten Erkenntniß der Vernunft bringen, und dieſes in jeder Beziehung und von jedem Geſichtspunkt aus. Auf dieſe Weiſe wird jetzt das Handeln des Menſchen der Gegenſtand unſrer Betrachtung, und wir werden finden, daß es wohl nicht nur nach ſubjektivem, ſondern auch nach objektivem Urtheil der wichtigſte von allen iſt. Ich werde dabei auf das bisher Vorgetragene mich als Vorausſetzung ſtützen; ja eigentlich nur die eine Erkenntniß, welche das Ganze der Philoſophie iſt, jetzt an dieſem Gegenſtande entfalten, wie bisher an andern.

**Eingang des letzten Kapitels:
von der Verneinung des Willens zum Leben,
oder von der Entſagung und Heiligkeit.**

Wir ſind mit der Betrachtung der ethiſchen Bedeutung des Handelns jetzt eigentlich zu Ende. Das Weſen von Recht, Unrecht, Tugend, Laſter, iſt erklärt und ausgelegt in Folge unſerer Metaphyſik der Natur. Ich könnte inſofern meinen Vortrag hier beſchließen. Allein ich habe noch ein Kapitel abzuhandeln über einen Gegenſtand, den die Philoſophen ſonſt nie mit in ihre Betrachtung gezogen haben, die

Resignation. Ich habe über diesen Punkt viele Widersprüche hören müssen, und sage es Ihnen, damit Ihr Urtheil um so freier bleibe, mir beizustimmen, oder nicht. Von meiner Weltansicht ist jedoch dies Kapitel von der Resignation ein sehr wesentlicher Theil. Denn das Wesen der Resignation ist Verneinung des Willens zum Leben, also die Antithese der früher dargestellten Bejahung des Willens zum Leben. Durch diese Betrachtung der Verneinung des Willens zum Leben allein wird das Ganze meiner Philosophie abgeschlossen, indem dadurch allein das Daseyn der Welt als relativ erscheint, nämlich als völlig abhängig vom ewig freien Willen, der eben sowohl, als er die Welt wollen kann, sie auch nicht wollen kann. Die Welt ist uns eben nur die Darstellung, das Abbild des Willens zum Leben, durch welches Abbild er sich selbst erkennt, sein eigenes Wesen ihm als Vorstellung gegeben wird. Wir haben daher zu betrachten, welche Rückwirkung auf den Willen selbst diese Erkenntniß haben kann, wodurch wir erst ein Ziel, einen Zweck der erscheinenden Welt erkennen. — Wir haben ferner das Daseyn als dem Leiden wesentlich verknüpft erkannt: natürlich erhebt sich die Frage, ob wir denn diesem leidenden Daseyn durch ein unwiderrufliches Fatum auf ewig anheimgefallen sind, oder ob es eine Erlösung davon giebt; denn daß der Tod nicht aus der Welt herausführt, ist gezeigt, so wenig als die Geburt eigentlich hineinführt: nur unsre Erscheinung hat Anfang und Ende, nicht unser Wesen an sich.

Ueber dieses Alles nun giebt dies letzte Kapitel einen Aufschluß und ist sonach der Schlußstein des Ganzen. Ihre Beistimmung bleibt frei. Immer aber bemerken Sie ein für allemal, daß alle meine ethische Betrachtungen nie die Form des Gesetzes oder der Vorschrift haben, ich nie sage, man soll dies thun und jenes nicht: sondern ich immer nur mich theoretisch verhalte und das Thun jeder Art auslege, deute, was im Innern dabei vorgeht darlege in Begriffen.

Unsere bisherige ethische Betrachtung über Recht, Unrecht, Tugend, Laster, nahm ihren Hauptlehrsatz aus der Metaphysik der Natur, wo uns die Einheit des Dinges an sich bei der Vielheit seiner Erscheinungen gewiß geworden war. In diesem letzten Kapitel von der Resignation oder Willenslosigkeit berücksichtige ich mehr den dritten Theil, die Metaphysik des Schönen, insofern nämlich wir schon dort, in der ästhetischen Anschauung, welche die Erkenntniß der Ideen ist, schon einen Zustand des willenslosen Erkennens gefunden haben, also einen Zustand, in welchem wir dasind, ohne zu wollen, eine Willenslosigkeit für den Augenblick. Also zur Sache.

Schluß des letzten Kapitels.

Die Dunkelheit welche über unser Daseyn verbreitet ist, in deren Gefühl Lukrez ausruft

> Qualibus in tenebris vitae, quantisque periclis
> Degitur hocc' aevi quodcumque est!

diese Dunkelheit, die eben das Bedürfniß der Philosophie herbeiführt und deren sich philosophische Geister in einzelnen Augenblicken mit einer solchen Lebhaftigkeit bewußt werden, daß sie den Andern als beinahe wahnsinnig erscheinen können: diese Dunkelheit des Lebens also muß man nicht daraus zu erklären suchen, daß wir von einem ursprünglichen Licht abgeschnitten wären, oder unser Gesichtskreis durch irgend ein äusseres Hinderniß beschränkt wäre, oder die Kraft unsers Geistes der Größe des Objekts nicht angemessen wäre; durch welche Erklärungen alle, jene Dunkelheit nur relativ wäre, nur in Beziehung auf uns und unsre Erkenntnißweise vorhanden. Nein, sie ist absolut und ursprünglich: sie ist daraus erklärlich, daß das innre und ursprüngliche Wesen der Welt nicht Erkenntniß ist, sondern allein Wille, ein Erkenntnißloses. Die Erkenntniß überhaupt ist sekundären Ursprungs, ist ein Accidentelles und Aeusseres. Darum ist nicht jene Finsterniß ein zufällig beschatteter Fleck mitten in der Region des Lichtes; sondern die Erkenntniß ist ein Licht mitten in der grenzenlosen ursprünglichen Finsterniß, in welche sie sich verliert. Daher wird diese Finsterniß desto fühlbarer, je grösser das Licht ist, weil es an desto mehr Punkten die Gränze der Finsterniß berührt: ich will sagen, je intelligenter ein Mensch ist, desto mehr empfindet er, welche Dunkelheit ihn umfängt und wird eben dadurch philosophisch angeregt. Hingegen der Stumpfe und ganz Gewöhnliche weiß gar nicht, von welcher Dunkelheit eigentlich die Rede ist: er findet Alles ganz natürlich: daher ist sein Bedürfniß nicht Philosophie, sondern nur historische Notiz davon, Geschichte der Philosophie.

Abhandlungen.

Eristische Dialektik.

Logik und Dialektik wurden schon von den Alten als Synonyme gebraucht: obgleich $λογιζεσθαι$ überdenken, überlegen, berechnen; — und $διαλεγεσθαι$ sich unterreden, zwei sehr verschiedene Dinge sind.

Den Namen Dialektik ($διαλεκτικη, διαλεκτικη πραγματεια, διαλεκτικος ανηρ$) hat (wie Diogenes Laertius berichtet) Plato zuerst gebraucht: und wir finden daß er im Phädrus, Sophista, Republik lib. 7 u. s. w. den regelmäßigen Gebrauch der Vernunft und das Geübtseyn im selbigen darunter versteht. Aristoteles braucht $τα διαλεκτικα$ im selben Sinne: er soll aber (nach Laurentius Valla) zuerst $λογικη$ im selben Sinne gebraucht haben: wir finden bei ihm $λογικας δυσχερειας$ i. e. argutias, $προτασιν λογικην, αποριαν λογικην$. — Demnach wäre $διαλεκτικη$ älter als $λογικη$. Cicero und Quinctilian brauchen in derselben allgemeinen Bedeutung Dialectica und Logica. Cic. in Lucullo: Dialecticam inventam esse, veri et falsi quasi disceptatricen. — Topica, c. 2: Stoici enim judicandi vias diligenter persecuti sunt, ea scientia, quam Dialecticen appellant. — Quinct. lib. II, 12: itaque haec pars dialecticae, sivi illam disputatricem disere malimus: letzteres scheint ihm also das Lateinische Aequivalent von $διαλεκτικη$. (Soweit nach Petri Rami dialectica, Audomari Talaei praelectionibus illustrata. 1569).

Dieser Gebrauch der Worte Logik und Dialektik als Synonyme hat sich auch im Mittelalter und der neuern Zeit, bis heute, erhalten. Jedoch hat man in neuerer Zeit, besonders Kant, Dialektik öfter in einem schlimmen Sinne gebraucht, als „sophistische Disputirkunst", und daher die

Benennung „Logik" als unschuldiger vorgezogen. Jedoch bedeutet Beides von Haus aus dasselbe, und in den letzten Jahren hat man sie auch wieder als synonym angesehen.

Es ist Schade, daß „Dialektik" und „Logik" von Alters her als Synonyme gebraucht sind, und es mir daher nicht recht frei steht, ihre Bedeutung zu sondern, wie ich sonst möchte, und „Logik" (von $λογιζεσθαι$, überdenken, überrechnen, — von $λογος$, Wort und Vernunft, die unzertrennlich sind) zu definiren als „die Wissenschaften von den Gesetzen des Denkens, d. h. von der Verfahrungsart der Vernunft" — und „Dialektik" (von $διαλεγεσθαι$, sich unterreden: jede Unterredung theilt aber entweder Thatsachen oder Meinungen mit, d. h. ist historisch oder deliberativ) als „die Kunst zu disputiren" (dies Wort im modernen Sinne). — Offenbar hat dann die Logik einen rein a priori, ohne empirische Beimischung bestimmbaren Gegenstand, die Gesetze des Denkens, das Verfahren der Vernunft (des $λογος$), welches diese, sich selber überlassen, und ungestört, also beim einsamen Denken eines vernünftigen Wesens, welches durch nichts irre geführt würde, befolgt. Dialektik hingegen würde handeln von der Gemeinschaft zweier vernünftiger Wesen, die folglich zusammen denken, woraus, sobald sie nicht wie zwei gleichgehende Uhren übereinstimmen, eine Disputation, d. i. ein geistiger Kampf wird. Als reine Vernunft müßten beide Individuen übereinstimmen. Ihre Abweichungen entspringen aus der Verschiedenheit, die der Individualität wesentlich ist, sind also ein **empirisches Element**.

Logik, Wissenschaft des Denkens, d. i. des Verfahrens der reinen Vernunft, wäre also rein a priori konstruirbar; Dialektik großen Theils nur a posteriori, aus der Erfahrungserkenntniß von den Störungen, die das reine Denken durch die Verschiedenheit der Individualität beim Zusammendenken zweier vernünftiger Wesen erleidet, und von den Mitteln, welche Individuen gegen einander gebrauchen, um Jeder sein individuelles Denken als das reine und objektive geltend zu machen. Denn die menschliche Natur bringt es mit sich, daß, wenn beim gemeinsamen Denken, διαλεγεσϑαι, d. h. Mittheilen von Meinungen (historische Gespräche ausgeschlossen), A erfährt, daß B's Gedanken über denselben Gegenstand von seinen eigenen abweichen, er nicht zuerst sein eigenes Denken revidirt, um den Fehler zu finden; sondern diesen im fremden Denken voraussetzt: d. h. der Mensch ist von Natur rechthaberisch: und was aus dieser Eigenschaft folgt, lehrt die Disciplin, die ich Dialektik nennen möchte, jedoch um Mißverstand zu vermeiden „Eristische Dialektik" nennen will. Sie wäre demnach die Lehre von der dem Menschen natürlichen Rechthaberei. Eristik wäre nur ein härteres Wort für dieselbe Sache.

Eristische Dialektik ist die Kunst zu disputiren, und zwar so zu disputiren, daß man Recht behält, also per fas et nefas.*) Man kann nämlich in der Sache selbst ob-

---

*) Aristoteles (nach Diog. Laert. V, 28) stellte zusammen Rhetorik und Dialektik, deren Zweck die Ueberredung, τὸ πιϑανον, sei; sodann Analytik und Philosophie, deren Zweck die Wahrheit: — διαλεκτικη δε εστι τεχνη λογων, δι' ἡς ανασκευαζομεν τι η κατασκευαζομεν, εξ ερωτησεως και αποκρισεως των προςδιαλεγομενων. Diog. Laert. III, 48 in vita Platonis. — Aristoteles unterscheidet zwar 1) die Logik oder Analytik, als die Theorie oder Anweisung zu den wahren Schlüssen, den apodiktischen. 2) Die Dialektik oder Anweisung zu den für wahr geltenden, als wahr kurrenten ενδοξα, probabilia (Top. I. c. 1 & 12) — Schlüssen, wobei zwar nicht ausgemacht ist daß sie falsch sind, aber auch nicht, daß sie wahr (an und für sich) sind; indem es darauf nicht ankommt. Was ist denn aber dies anders als die Kunst Recht zu halten, gleichviel ob man es im Grunde habe oder nicht? Also die Kunst den Schein der Wahrheit zu erlangen, unbekümmert um die Sache. Daher wie Anfangs gesagt.

Aristoteles theilt eigentlich die Schlüsse in logische, dialektische so ein, wie eben gesagt, dann 3) in eristische — Eristik —, bei denen die Schlußform richtig ist, die Sätze selbst aber, die Materie, nicht wahr sind, sondern nur wahr scheinen, und endlich 4) in sophistische — Sophistik —, bei denen die Schlußform falsch ist, jedoch richtig scheint. Alle drei letzten Arten gehören eigentlich zur eristischen Dialektik, da sie alle ausgehn nicht auf die objektive Wahrheit, sondern auf den Schein derselben, unbekümmert um sie selbst, also auf das Recht behalten. Auch ist das Buch über die Sophistischen Schlüsse erst später allein edirt: es war das letzte Buch der Dialektik.

jective Recht haben, und doch in den Augen der Beisteher, ja bisweilen in seinen eigenen, Unrecht behalten: wenn nämlich der Gegner meinen Beweis widerlegt, und dies als Widerlegung der Behauptung selbst gilt, für die es jedoch andere Beweise geben kann; in welchem Fall natürlich für den Gegner das Verhältniß umgekehrt ist: er behält Recht, bei objektivem Unrecht. Woher kommt das? Von der natürlichen Schlechtigkeit des menschlichen Geschlechts. Wäre diese nicht, wären wir von Grund aus ehrlich, so würden wir bei jeder Debatte bloß darauf ausgehen, die Wahrheit zu Tage zu fördern, ganz unbekümmert, ob solche unsrer zuerst aufgestellten Meinung oder der des Andern gemäß ausfiele: dies würde gleichgültig, oder wenigstens ganz und gar Nebensache seyn. Aber jetzt ist es Hauptsache. Die angeborene Eitelkeit, die besonders hinsichtlich der Verstandeskräfte reizbar ist, will nicht haben, daß was wir zuerst aufgestellt sich als falsch und das des Gegners als Recht ergebe. Hienach hätte nun zwar bloß Jeder sich zu bemühen, nicht anders als richtig zu urtheilen, wozu er erst denken und nachher sprechen müßte. Aber zur angeborenen Eitelkeit gesellt sich bei den Meisten Geschwätzigkeit und angeborene Unredlichkeit. Sie reden, ehe sie gedacht haben, und wenn sie auch hinterher merken, daß ihre Behauptung falsch ist und sie Unrecht haben; so soll es doch scheinen, als wäre es umgekehrt. Das Interesse für die Wahrheit, welches wohl meistens bei Aufstellung des vermeintlich wahren Satzes das einzige Motiv gewesen, weicht jetzt ganz dem Interesse der Eitelkeit: wahr soll falsch und falsch wahr scheinen.

Jedoch hat selbst diese Unredlichkeit, das Beharren bei einem Satze, der uns selbst schon falsch scheint, noch eine Entschuldigung. Oft sind wir anfangs von der Wahrheit unsrer Behauptung fest überzeugt: aber das Argument des Gegners scheint jetzt sie umzustoßen; geben wir jetzt ihre Sache gleich auf, so finden wir oft hinterher, daß wir doch Recht hatten: unser Beweis war falsch, aber es konnte für die Behauptung einen richtigen geben; das rettende Argument war uns nicht gleich beigefallen. Daher entsteht nun in uns die Maxime, selbst wenn das Gegenargument richtig und schlagend scheint, doch noch dagegen anzukämpfen, im Glauben, daß dessen Richtigkeit selbst nur scheinbar sei, und uns während des Disputirens noch ein Argument, jenes umzustoßen, oder eines, unsere Wahrheit anderweitig zu bestätigen, einfallen werde: hiedurch werden wir zur Unredlichkeit im Disputiren beinahe genöthigt, wenigstens leicht verführt. Diesergestalt unterstützen sich wechselseitig die Schwäche unseres Verstandes und die Verkehrtheit unseres Willens. Daraus kommt es, daß wer disputirt in der Regel nicht für die Wahrheit, sondern für seinen Satz kämpft, wie pro ara et focis, und per fas et nefas verfährt, ja wie gezeigt nicht leicht anders kann.

Jeder also wird in der Regel wollen seine Behauptung durchsetzen, selbst wenn sie ihm für den Augenblick falsch oder zweifelhaft scheint.*)

Die Hülfsmittel hiezu giebt einem Jeden seine eigene Schlauheit und Schlechtigkeit einigermaaßen an die Hand; dies lehrt die tägliche Erfahrung: es hat also jeder seine **natürliche Dialektik**, so wie er seine **natürliche Logik** hat. Allein jene leitet ihn lange nicht so sicher als diese.

---

*) **Machiavelli** schreibt dem Fürsten vor, jeden Augenblick der Schwäche seines Nachbarn zu benutzen, um ihn anzugreifen, weil sonst dieser einmal den Augenblick benutzen kann, wo jener schwach ist. Herrschte Treue und Redlichkeit, so wäre es ein Anderes: weil man sich aber deren nicht zu versehen hat, so darf man sie nicht üben, weil sie schlecht bezahlt wird: — ebenso ist es beim Disputiren: gebe ich dem Gegner Recht, sobald er es zu haben scheint; so wird er schwerlich das Selbe thun, wenn der Fall sich umkehrt: er wird vielmehr per nefas verfahren: also muß ich's auch. Es ist leicht gesagt, man soll nur der Wahrheit nachgehen, ohne Vorliebe für seinen Satz; aber man darf nicht voraussetzen, daß der Andere es thun werde: also darf man's auch nicht. Zudem wollte ich, sobald es mir scheint, er habe Recht, meinen Satz aufgeben, den ich doch vorher durchdacht habe, so kann es leicht kommen, daß ich, durch einen augenblicklichen Eindruck verleitet, die Wahrheit aufgebe, um den Irrthum anzunehmen.

Gegen logische Gesetze denken oder schließen wird so leicht Keiner: falsche Urtheile sind häufig, falsche Schlüsse höchst selten. Also Mangel an natürlicher Logik zeigt ein Mensch nicht leicht: hingegen wohl Mangel an natürlicher Dialektik: sie ist eine ungleich ausgetheilte Naturgabe (hierin der Urtheilskraft gleich, die sehr ungleich ausgetheilt ist, die Vernunft eigentlich gleich). Denn durch bloß scheinbare Argumentation sich konfundiren, sich refutiren lassen, wo man eigentlich Recht hat, oder das Umgekehrte, geschieht oft: und wer als Sieger aus einem Streite geht, verdankt es sehr oft nicht sowohl der Richtigkeit seiner Urtheilskraft bei Aufstellung seines Satzes, als vielmehr der Schlauheit und Gewandtheit, mit der er ihn vertheidigte. Angeboren ist hier, wie in allen Fällen, das Beste: jedoch kann Uebung und auch Nachdenken über die Wendungen, durch die man den Gegner wirft, oder die er meistens gebraucht, um zu werfen, viel beitragen, in dieser Kunst Meister zu werden. Also wenn auch die Logik wohl keinen eigentlich praktischen Nutzen haben kann: so kann ihn die Dialektik allerdings haben. Mir scheint auch Aristoteles seine eigentliche Logik (Analytik) hauptsächlich als Grundlage und Vorbereitung zur Dialektik aufgestellt zu haben und diese ihm die Hauptsache gewesen zu seyn. Die Logik beschäftigt sich mit der bloßen Form der Sätze, die Dialektik mit ihrem Gehalt oder Materie, dem Inhalt: daher eben mußte die Betrachtung der Form als des Allgemeinen der des Inhalts als des Besonderen vorhergehen.

Aristoteles bestimmt den Zweck der Dialektik nicht so scharf, wie ich gethan; er giebt zwar als Hauptzweck das Disputiren an, aber zugleich auch das Auffinden der Wahrheit (Top. I, 2). Später sagt er wieder: man behandle die Sätze philosophisch nach der Wahrheit, dialektisch nach dem Schein oder Beifall, Meinung Anderer ($\delta o \xi a$), Top. I, 12. Er ist sich der Unterscheidung und Trennung der objektiven Wahrheit eines Satzes von dem Geltendmachen desselben oder dem Erlangen der Approbation zwar bewußt: allein er hält sie nicht scharf genug auseinander, um der Dialektik bloß letztere anzuweisen.*) Seinen Regeln zu letzterem Zweck sind daher oft welche zum erstern eingemengt. Daher es mir scheint, daß er seine Aufgabe nicht rein gelöst hat.**)

---

*) Und andrerseits ist er im Buche de elenchis sophisticis wieder zu sehr bemüht, die Dialektik zu trennen von der Sophistik und Eristik: wo der Unterschied darin liegen soll, daß dialektische Schlüsse in Form und Gehalt wahr, eristische oder sophistische aber (die sich bloß durch den Zweck unterscheiden, der bei den ersteren — Eristik — das Rechthaben an sich, bei den letzteren — Sophistik — das dadurch zu erlangende Ansehn und das durch dieses zu erwerbende Geld ist) falsch sind. Ob Sätze dem Gehalt nach wahr sind, ist immer viel zu ungewiß, als daß man daraus den Unterscheidungsgrund nehmen sollte, und am wenigsten kann der Disputirende selbst darüber völlig gewiß seyn: selbst das Resultat der Disputation giebt erst einen unsichern Aufschluß darüber. Wir müssen also unter Dialektik des Aristoteles Sophistik, Eristik, Peirastik mitbegreifen und sie definiren als die **Kunst im Disputiren Recht zu behalten**: wobei freilich das größte Hülfsmittel ist zuvörderst in der Sache Recht zu haben: allein für sich ist dies bei der Sinnesart der Menschen nicht zureichend, und andererseits bei der Schwäche ihres Verstandes nicht durchaus nothwendig. Es gehören also noch andere Kunstgriffe dazu, welche dies, weil sie vom objektiven Rechthaben unabhängig sind, auch gebraucht werden können, wenn man objektiv Unrecht hat; und ob dies der Fall sei, weiß man fast nie ganz gewiß. Meine Ansicht also ist, die Dialektik von der Logik schärfer zu sondern, als Aristoteles gethan hat, der Logik die objektive Wahrheit, so weit sie formell ist, zu lassen, und die Dialektik auf das Rechtbehalten zu beschränken, dagegen aber Sophistik und Eristik nicht so von ihr zu trennen, wie Aristoteles thut, da dieser Unterschied auf der objektiven materiellen Wahrheit beruht, über die wir nicht sicher zum Voraus im Klaren seyn können, sondern mit Pontius Pilatus sagen müssen: was ist Wahrheit? — Denn veritas est in puteo, ἐν βυθῷ ἡ ἀλήθεια. (Spruch des Demokrit, Diog. Laert. IX, 72.) Oft streiten zwei sehr lebhaft, und dann geht Jeder mit der Meinung des Andern nach Hause; sie haben getauscht. Es ist leicht zu sagen, daß man beim Streiten nichts Anderes bezwecken soll, als die Zutageförderung der Wahrheit; allein man weiß ja noch nicht, wo sie ist, man wird durch die Argumente des Gegners und durch seine eigenen irre geführt. — Uebrigens re intellecta, in verbis simus faciles; da man den Namen Dialektik im Ganzen für gleichbedeutend mit Logik zu nehmen pflegt, so wollen wir unsere Disciplin Dialectica eristica, **eristische Dialektik** nennen.

**) (Dies steht oben [Anmerkung, S. 73] genauer).

Man muß allemal den Gegenstand einer Disciplin von dem jeder andern rein sondern. Um die **Dialektik** rein aufzustellen, muß man, unbekümmert um die objektive Wahrheit, (welche Sache der Logik ist) sie bloß betrachten als die **Kunst Recht zu behalten**, welches freilich um so leichter seyn wird, wenn man in der Sache selbst Recht hat. Aber die Dialektik als solche muß bloß lehren, wie man sich gegen Angriffe aller Art, besonders gegen unredliche, vertheidigt, und ebenso, wie man selbst angreifen kann was der Andere behauptet, ohne sich selbst zu widersprechen, und überhaupt ohne widerlegt zu werden. Man muß die Auffindung der objektiven Wahrheit rein trennen von der Kunst, seine Sätze als wahr geltend zu machen: jenes ist eine ganz andere πραγματεια, es ist das Werk der Urtheilskraft, des Nachdenkens, der Erfahrung, und giebt es dazu keine eigene Kunst: das zweite aber ist der Zweck der Dialektik.

Man hat sie definirt als die Logik des Scheins. Falsch: dann wäre sie bloß brauchbar zur Vertheidigung falscher Sätze: allein auch wenn man Recht hat, braucht man Dialektik, es zu verfechten, und muß die unredlichen Kunstgriffe kennen, um ihnen zu begegnen, ja oft selbst welche brauchen, um den Gegner mit gleichen Waffen zu schlagen. Dieserhalb also muß bei der Dialektik die objektive Wahrheit bei Seite gesetzt, oder als accidentell betrachtet, und bloß darauf gesehen werden, wie man seine Behauptung vertheidigt und die des Anderen umstößt. Bei den Regeln hiezu darf man die objektive Wahrheit nicht berücksichtigen, weil meistens unbekannt ist, wo sie liegt. Oft weiß man selbst nicht, ob man Recht hat oder nicht; oft glaubt man es und irrt sich, oft glauben es beide Theile: denn veritas est in puteo: beim Entstehen des Streites glaubt in der Regel Jeder die Wahrheit auf seiner Seite zu haben, beim Fortgang werden Beide zweifelhaft: das Ende soll eben erst die Wahrheit ausmachen, bestätigen. Also darauf hat sich die Dialektik nicht einzulassen: so wenig wie der Fechtmeister

berücksichtigt, wer bei dem Streite, der das Duell herbei=
führte, eigentlich Recht hat: treffen und pariren, — darauf
kommt es an. Ebenso in der Dialektik: sie ist eine geistige
Fechtkunst: nur so rein gefaßt, kann sie als eine Disciplin
aufgestellt werden. Denn setzen wir **uns zum Zweck** die
rein objektive Wahrheit, so kommen wir auf bloße Logik
zurück: setzen wir hingegen zum Zweck die Durchführung
falscher Sätze, so haben wir bloße **Sophistik.** Und bei
beiden würde vorausgesetzt seyn, daß wir schon wüßten, was
objektiv wahr und falsch ist: das ist aber selten zum Voraus
gewiß. Der wahre Begriff der Dialektik ist also der auf=
gestellte: geistige Fechtkunst zum Rechtbehalten im Dispu=
tiren: obwohl der Name **Eristik** passender wäre, am richtig=
sten wohl **Eristische Dialektik,** Dialectica eristica.

Da nun in diesem Sinne die Dialektik bloß eine auf
System und Regel zurückgeführte Zusammenfassung und
Darstellung jener Künste seyn soll, deren sich die meisten
Menschen bedienen, wenn sie merken, daß im Streit die
Wahrheit nicht auf ihrer Seite ist, um dennoch Recht zu
behalten; — so würde es auch dieserhalb sehr zweckwidrig
seyn, wenn man in der wissenschaftlichen Dialektik auf die
objektive Wahrheit und deren Zutageförderung Rücksicht neh=
men wollte, da es in jener ursprünglichen und natürlichen
Dialektik nicht geschieht, sondern das Ziel bloß das Recht=
haben ist. Die wissenschaftliche Dialektik in unserm Sinne
hat demnach zur Hauptaufgabe, **jene Kunstgriffe der
Unredlichkeit im Disputiren aufzustellen und zu
analysiren:** damit man bei wirklichen Debatten sie gleich
erkenne und vernichte. Eben daher muß sie in ihrer Dar=
stellung eingeständlich bloß das Rechthaben, nicht die objektive
Wahrheit, zum Endzweck nehmen.

Mir ist nicht bekannt, daß in diesem Sinne Etwas ge=
leistet wäre, obwohl ich mich weit und breit umgesehen habe:[*]

---

[*] Nach Diogenes Laertius gab es unter den vielen rhetorischen

es ist also ein noch unbebautes Feld. Um zum Zwecke zu kommen, müßte man aus der Erfahrung schöpfen, beachten, wie bei den im Umgange häufig vorkommenden Debatten dieser oder jener Kunstgriff von einem und dem andern Theil angewandt wird, sodann die unter andern Formen wiederkehrenden Kunstgriffe auf ihr Allgemeines zurückführen, und so gewisse allgemeine Stratagemata aufstellen, die dann sowohl zum eigenen Gebrauch, als zum Vereiteln derselben, wenn der Andere sie braucht, nützlich wären.

Folgendes sei als erster Versuch zu betrachten.

Basis aller Dialektik.

Zuvörderst ist zu betrachten das Wesentliche jeder Disputation, was eigentlich dabei vorgeht.

Der Gegner hat eine These aufgestellt (oder wir selbst, das ist gleich). Sie zu widerlegen giebt's zwei Modi und zwei Wege.

1) Die Modi: a) ad rem, b) ad hominem oder ex concessis; d. h. wir zeigen entweder, daß der Satz nicht übereinstimmt mit der Natur der Dinge, der absoluten objektiven Wahrheit: oder aber nicht mit andern Behauptungen oder Einräumungen des Gegners d. h. mit der relativen subjektiven Wahrheit: letzteres ist nur eine relative Ueberführung und macht nichts aus über die objektive Wahrheit.

2) Die Wege: a) direkte Widerlegung, b) indirekte. — Die direkte greift die These bei ihren Gründen an: die indirekte bei ihren Folgen. Die direkte zeigt, daß die These nicht wahr ist, die indirekte, daß sie nicht wahr sein kann.

Schriften des Theophrastos, die sämmtlich verloren gegangen, eine deren Titel war Ἀγωνιστικον της περι τους εριστικους λογους θεωριας. Das wäre unsre Sache.

1) Bei der direkten können wir zweierlei. Entweder wir zeigen, daß die Gründe seiner Behauptung falsch sind (nego majorem; minorem): — oder wir geben die Gründe zu, zeigen aber, daß die Behauptung nicht daraus folgt (nego consequentiam), greifen also die Konsequenz, die Form des Schlusses an.

2) Bei der indirekten Widerlegung gebrauchen wir entweder die Apagoge oder die Instanz.

a) Apagoge: wir nehmen seinen Satz als wahr an: und nun zeigen wir was daraus folgt, wenn wir in Verbindung mit irgend einem andern als wahr anerkannten Satze selbigen als Prämisse zu einem Schlusse gebrauchen, und nun eine Konklusion entsteht, die offenbar falsch ist, indem sie entweder der Natur der Dinge*) oder den andern Behauptungen des Gegners selbst widerspricht, also ad rem oder ad hominem falsch ist (Socrates in Hippia maj. et alias): folglich auch der Satz falsch war: denn aus wahren Prämissen können nur wahre Sätze folgen: obwohl aus falschen nicht immer falsche.

b) Die Instanz, ενταοις, exemplum in contrarium: Widerlegung des allgemeinen Satzes durch direkte Nachweisung einzelner unter seiner Aussage begriffener Fälle, von denen er doch nicht gilt, also selbst falsch sein muß.

Dies ist das Grundgerüst, das Skelett jeder Disputation: wir haben also ihre Osteologie. Denn hierauf läuft im Grunde alles Disputiren zurück: aber dies alles kann wirklich oder nur scheinbar, mit ächten oder mit unächten Gründen geschehn: und weil hierüber nicht leicht etwas sicher auszumachen ist, sind die Debatten so lang und hartnäckig.

Wir können auch bei der Anweisung das Wahre und Scheinbare nicht trennen, weil es eben nie zum Voraus bei den Streitenden selbst gewiß ist: daher gebe ich die Kunst-

---

*) widerspricht sie einer ganz unbezweifelbaren Wahrheit geradezu, so haben wir den Gegner ad absurdum geführt.

griffe ohne Rücksicht ob man objective Recht oder Unrecht
hat: denn das kann man selbst nicht sicher wissen, und es
soll erst durch den Streit ausgemacht werden. Uebrigens
muß man bei jeder Disputation, oder Argumentation über=
haupt, über irgend etwas einverstanden seyn, daraus man
als einem Princip die vorliegende Frage beurtheilen will:
Contra negantem principia non est disputandum.

———

Kunstgriff 1. Die Erweiterung. Die Behauptung
des Gegners über ihre natürliche Gränze hinausführen, sie
möglichst allgemein deuten, in möglichst weitem Sinne neh=
men und sie übertreiben; seine eigne dagegen in möglichst
eingeschränktem Sinne, in möglichst enge Gränzen zusammen=
ziehn: weil je allgemeiner eine Behauptung wird, desto meh=
reren Angriffen sie bloß steht. Das Gegenmittel ist die ge=
naue Aufstellung des puncti oder status controversiae.

Exempel 1. Ich sagte: „Die Engländer sind die erste
dramatische Nation." — Der Gegner wollte eine instantia
versuchen und erwiderte: es wäre bekannt, daß sie in der
Musik, folglich auch in der Oper, nichts leisten könnten. —
Ich trieb ihn ab, durch die Erinnerung, daß Musik nicht
unter dem Dramatischen begriffen sei; dies bezeichne bloß
Tragödie und Komödie; was er sehr wohl wußte und nur
versuchte, meine Behauptung so zu verallgemeinern, daß sie
alle theatralischen Darstellungen, folglich die Oper, folglich
die Musik betrifft, um mich dann sicher zu schlagen. —
Man rette umgekehrt seine eigene Behauptung durch Ver=
engerung derselben über die erste Absicht hinaus, wenn der
gebrauchte Ausdruck es begünstigt.

Exempel 2. A sagt: „Der Friede von 1814 gab sogar
allen deutschen Hansestädten ihre Unabhängigkeit wieder."
B giebt die instantia in contrarium, daß Danzig die ihr
von Bonaparte verliehene Unabhängigkeit durch jenen Frie=

den verloren. — A rettet sich so: „Ich sagte, allen deutschen Hansestädten: Danzig war eine polnische Hansestadt."

Diesen Kunstgriff lehrt schon Aristoteles (Top. Lib. VIII, c. 12, 11.)

Exempel 3. Lamark (Philosophie zoologique, vol. I, p. 203) spricht den Polypen alle Empfindung ab, weil sie keine Nerven haben. Nun aber ist es gewiß, daß sie wahrnehmen: denn sie gehn dem Lichte nach, indem sie sich künstlich von Zweig zu Zweig fortbewegen, und sie haschen ihren Raub. Daher hat man angenommen, daß bei ihnen die Nervenmasse in der Masse des ganzen Körpers gleichmäßig verbreitet, gleichsam verschmolzen ist: denn sie haben offenbar Wahrnehmung ohne gesonderte Sinnesorgane. Weil Das dem Lamark seine Annahme umstößt, argumentirt er dialektisch so: „Dann müßten alle Theile des Körpers der Polypen jeder Art der Empfindung fähig seyn, und auch der Bewegung, des Willens, der Gedanken: dann hätte der Polyp in jedem Punkt seines Körpers alle Organe des vollkommensten Thieres: jeder Punkt könnte sehen, riechen, schmecken, hören u. s. w., ja denken, urtheilen, schliessen: jede Partikel seines Körpers wäre ein vollkommenes Thier, und der Polyp selbst stände höher als der Mensch, da jedes Theilchen von ihm alle Fähigkeiten hätte, die der Mensch nur im Ganzen hat. — Es gäbe ferner keinen Grund, um, was man vom Polypen behauptet, nicht auch auf die Monade, das unvollkommenste aller Wesen, auszudehnen, und endlich auch auf die Pflanzen, die doch auch leben u. s. w. —" — Durch Gebrauch solcher dialektischen Kunstgriffe verräth ein Schriftsteller, daß er sich im Stillen bewußt ist, Unrecht zu haben. Weil man sagte: „ihr ganzer Leib hat Empfindung für das Licht, ist also nervenartig": macht er daraus, daß der ganze Leib denkt.

Kunstgriff 2. Die Homonymie benutzen, um die aufgestellte Behauptung auch auf Das auszudehnen, was außer dem gleichen Wort wenig oder nichts mit der in Rede stehenden Sache gemein hat, dies dann lukulent widerlegen und so sich das Ansehen geben, als habe man die Behauptung widerlegt.

Anmerkung.

Synonyma sind zwei Worte für denselben Begriff; Homonyma zwei Begriffe, die durch dasselbe Wort bezeichnet werden. (Siehe Aristot. Top. Lib. I, cap. 13.) Tief, Schneidend, Hoch, bald von Körpern, bald von Tönen gebraucht, sind Homonyma; Ehrlich und Redlich — Synonyma.

Man kann diesen Kunstgriff als identisch mit dem Sophisma ex homonymia betrachten; jedoch das offenbare Sophisma der Homonymie wird nicht im Ernst täuschen.

> Omne lumen potest extingui
> Intellectus est lumen
> Intellectus potest extingui

hier merkt man gleich, daß vier termini sind! lumen eigentlich und lumen bildlich verstanden. Aber bei feinen Fällen täuscht es allerdings, namentlich wo die Begriffe, die durch denselben Ausdruck bezeichnet werden, verwandt sind und in einander übergehen. Die absichtlich ersonnenen Fälle sind nie fein genug, um täuschend zu seyn; man muß sie also aus der wirklichen eigenen Erfahrung sammeln.

Es wäre sehr gut, wenn man jedem Kunstgriff einen kurzen und treffend bezeichnenden Namen geben könnte, mittelst dessen man, vorkommenden Falls, den Gebrauch dieses oder jenes Kunstgriffs augenblicklich vorwerfen könnte.

Exempel 1. A. Sie sind noch nicht eingeweiht in die Mysterien der Kant'schen Philosophie.

B. Ach, wo Mysterien sind, davon will ich nichts wissen.

Exempel 2. Ich tadelte das Princip der Ehre, nach welchem man durch eine erhaltene Beleidigung ehrlos wird, es sei denn, daß man sie durch eine größere Beleidigung erwidere, oder durch Blut, das des Gegners oder sein eigenes, abwasche, als unverständig; als Grund führte ich an, die wahre Ehre könne nicht verletzt werden durch das, was man litte, sondern ganz allein durch das, was man thäte; denn widerfahren könne Jedem Jedes. — Der Gegner machte den direkten Angriff auf den Grund: er zeigte mir lukulent, daß wenn einem Kaufmann Betrug, oder Unrechtlichkeit, oder Nachlässigkeit in seinem Gewerbe fälschlich nachgesagt würde, dies ein Angriff auf seine Ehre sei, die hier verletzt würde lediglich durch das, was er leide und die er nur herstellen könne, indem er solchen Angreifer zur Strafe und Widerruf brächte. —

Hier schob er also, durch die Homonymie, die **Bürgerliche Ehre**, welche sonst Guter Name heißt, und deren Verletzung durch Verläumdung geschieht, dem Begriff der **ritterlichen Ehre** unter, die sonst auch point-d'honneur heißt und deren Verletzung durch Beleidigungen geschieht. Und weil ein Angriff auf erstere nicht unbeachtet zu lassen ist, sondern durch öffentliche Widerlegung abgewiesen werden muß; so müßte mit demselben Recht ein Angriff auf letztere auch nicht unbeachtet bleiben, sondern abgewehrt [werden] durch stärkere Beleidigung und Duell. — Also ein Vermengen zwei wesentlich verschiedener Dinge durch die Homonymie des Wortes Ehre und dadurch eine mutatio controversiae, zu Wege gebracht durch die Homonymie.

Kunstgriff 3. Die Behauptung, welche beziehungsweise, κατα τι, relative aufgestellt ist, nehmen, als sei sie allgemein, simpliciter, ἁπλως, absolute aufgestellt, oder wenigstens sie in einer ganz andern Beziehung auffassen, und dann sie in diesem Sinne widerlegen.*) Des Aristoteles Beispiel ist: der Mohr ist schwarz, hinsichtlich der Zähne

---

*) Sophisma a dicto secundum quid ad dictum simpliciter. Dies ist des Aristoteles zweiter elenchus sophisticus εξω της λεξεως: — το ἁπλως, ἠ μη ἁπλως, ἀλλα πη, ἠ που, ἠ ποτε, ἠ προς τι λεγεσθαι. (De sophisticis elenchis c. 5.)

aber weiß: also ist er schwarz und nicht schwarz zugleich. — Dies ist ein ersonnenes Beispiel, das Niemand im Ernste täuschen wird: nehmen wir dagegen eines aus der wirklichen Erfahrung.

Exempel. In einem Gespräch über Philosophie gab ich zu, daß mein System die Quietisten in Schutz nehme und lobe. — Bald darauf kam die Rede auf Hegel, und ich behauptete, er habe großentheils Unsinn geschrieben, oder wenigstens wären viele Stellen seiner Schriften solche, wo der Autor die Worte setzt und der Leser den Sinn setzen soll. — Der Gegner unternahm nicht, dies ad rem zu widerlegen, sondern begnügte sich, das argumentum ad hominem aufzustellen: „ich hätte so eben die Quietisten ge= lobt, und diese hätten ebenfalls viel Unsinn geschrieben". —

Ich gab dies zu, berichtigte ihn aber darin, daß ich die Quietisten nicht lobe als Philosophen und Schriftsteller, also nicht wegen ihrer theoretischen Leistungen, sondern nur als Menschen wegen ihres Thuns, bloß in praktischer Hinsicht: bei Hegel aber sei die Rede von theoretischen Lei= stungen. — So war der Angriff parirt.

Die ersten drei Kunstgriffe sind verwandt: sie haben Dies gemein, daß der Gegner eigentlich von etwas Anderem redet, als aufgestellt worden: man begienge also eine igno- ratio elenchi, wenn man sich dadurch abfertigen ließe. — Denn in allen aufgestellten Beispielen ist was der Gegner sagt wahr: es steht aber nicht in wirklichem Widerspruch mit der These, sondern nur in scheinbarem; also negirt der von ihm Angegriffene die Consequenz seines Schlusses, näm= lich den Schluß von der Wahrheit seines Satzes auf die Falschheit des unsrigen. Es ist also direkte Widerlegung seiner Widerlegung per negationem consequentiae.

Wahre Prämissen nicht zugeben, weil man die Konse= quenz vorhersieht. Dagegen also folgende zwei Mittel, Regel 4 und 5.

Kunstgriff 4. Wenn man einen Schluß machen will, so lasse man denselben nicht vorhersehn, sondern lasse sich unvermerkt die Prämissen einzeln und zerstreut im Gespräch zugeben; sonst wird der Gegner allerhand Schikanen versuchen. Oder, wenn zweifelhaft ist, daß der Gegner sie zugebe, so stelle man die Prämissen dieser Prämissen auf; mache Prosyllogismen, lasse sich die Prämissen mehrerer solcher Prosyllogismen ohne Ordnung durcheinander zugeben, also verdecke sein Spiel, bis Alles zugestanden ist, was man braucht, führe also die Sache von Weitem herbei. Diese Regeln giebt Aristot. Top. Lib. VIII, c. 1. Bedarf keines Exempels.

Kunstgriff 5. Man kann zum Beweis seines Satzes auch falsche Vordersätze gebrauchen, wenn nämlich der Gegner die wahren nicht zugeben würde, entweder weil er ihre Wahrheit nicht einsieht, oder weil er sieht, daß die Thesis sogleich daraus folgen würde: dann nehme man Sätze, die an sich falsch, aber ad hominem wahr sind, und argumentire aus der Denkungsart des Gegners ex concessis. Denn das Wahre kann auch aus falschen Prämissen folgen: wiewohl nie das Falsche aus wahren. Ebenso kann man falsche Sätze des Gegners durch andere falsche Sätze widerlegen, die er aber für wahr hält: denn man hat es mit ihm zu thun und muß seine Denkungsart gebrauchen. Z. B. ist er Anhänger irgendeiner Sekte, der wir nicht beistimmen; so können wir gegen ihn die Aussprüche dieser Sekte, als principia gebrauchen. (Arist. Top. VIII, c. 9.)

Kunstgriff 6. Man macht eine versteckte petitio principii, indem man Das, was man zu beweisen hätte, postulirt, entweder 1) unter einem andern Namen, z. B. statt Ehre guter Name, statt Jungfrauschaft Tugend u. s. w., auch Wechselbegriffe: — rothblütige Thiere, statt Wirbelthiere, 2) oder was im Einzelnen streitig ist, im Allgemeinen sich geben läßt, z. B. die Unsicherheit der Medizin behauptet, die Unsicherheit alles menschlichen Wissens postulirt. 3) Wenn vice versa. Zwei auseinander folgen, das eine zu beweisen ist, man postulirt das andere. 4) Wenn das Allgemeine zu beweisen ist, und man jedes Einzelne sich zugeben läßt. (Das Umgekehrte Nr. 2.) Aristot. Top. VIII, c. 11.

Ueber die Uebung zur Dialektik enthält gute Regeln das letzte Kapitel der Topica des Aristoteles.

Kunstgriff 7. Wenn die Disputation etwas streng und formell geführt wird und man sich recht deutlich verständigen will, so verfährt Der, welcher die Behauptung aufgestellt hat und sie beweisen soll, gegen seinen Gegner *fragend*, um aus seinen eignen Zugeständnissen die Wahrheit der Behauptung zu schliessen. Diese erotematische Methode war besonders bei den Alten im Gebrauch (heißt auch die sokratische): auf dieselbe bezieht sich der gegenwärtige Kunstgriff und einige später folgende. (Sämmtlich frei bearbeitet nach des Aristoteles Liber de elenchis sophisticis, c. 15.)

Viel auf ein Mal und weitläuftig fragen, um Das was man eigentlich zugestanden haben will zu verbergen. — Dagegen seine Argumentation aus dem Zugestandenen schnell vortragen: denn Die, welche langsam von Verständniß sind, können nicht genau folgen und übersehn die etwanigen Fehler und Lücken in der Beweisführung.

Kunstgriff 8. Den Gegner zum Zorn reizen: denn im Zorn ist er außer Stande, richtig zu urtheilen und seinen Vortheil wahrzunehmen. Man bringt ihn in Zorn dadurch, daß man unverholen ihm Unrecht thut und schikanirt und überhaupt unverschämt ist.

Kunstgriff 9. Die Fragen nicht in der Ordnung thun, die der daraus zu ziehende Schluß erfordert, sondern in allerhand Versetzungen: er weiß dann nicht, wo man hinauswill, und kann nicht vorbauen; auch kann man dann seine Antworten zu verschiedenen Schlüssen benutzen, sogar zu entgegengesetzten, je nachdem sie ausfallen. Dies ist dem Kunstgriff 4 verwandt, daß man sein Verfahren maskiren soll.

Kunstgriff 10. Wenn man merkt, daß der Gegner die Fragen, deren Bejahung für unsern Satz zu brauchen wäre, absichtlich verneint, so muß man das Gegentheil des zu gebrauchenden Satzes fragen, als wollte man Das bejaht wissen, oder wenigstens ihm beides zur Wahl vorlegen, so daß er nicht merkt, welchen Satz man bejaht haben will.

Kunstgriff 11. Machen wir eine Induktion, und er gesteht uns die einzelnen Fälle, durch die sie aufgestellt werden soll, zu; so müssen wir ihn nicht fragen, ob er auch die aus diesen Fällen hervorgehende allgemeine Wahrheit zugebe, sondern sie nachher als ausgemacht und zugestanden einführen: denn bisweilen wird er dann selbst glauben, sie zugegeben zu haben, und auch den Zuhörern wird es so vorkommen, weil sie sich der vielen Fragen nach den einzelnen Fällen erinnern, die denn doch zum Zweck geführt haben müssen.

Kunstgriff 12. Ist die Rede über einen allgemeinen Begriff, der keinen eigenen Namen hat, sondern tropisch durch ein Gleichniß bezeichnet werden muß; so müssen wir das Gleichniß gleich so wählen, daß es unserer Behauptung günstig ist. So sind z. B. in Spanien die Namen, dadurch die beiden politischen Parteien bezeichnet werden, serviles und liberales, gewiß von letztern gewählt. Der Name Protestanten ist von diesen gewählt, auch der Name Evangelische: der Name Ketzer aber von den Katholiken. Es gilt vom Namen der Sachen auch wo sie mehr eigentlich sind: z. B. hat der Gegner irgend eine Veränderung vorgeschlagen, so nennt man sie „Neuerung": denn dies Wort ist gehässig. Umgekehrt, wenn man selbst der Vorschlagende ist. — Im ersten Fall nenne man als Gegensatz die „bestehende Ordnung", im zweiten „den Bocksbeutel". — Was ein ganz Absichtsloser und Unparteiischer etwa „Kultus" oder „öffentliche Glaubenslehre" nennen würde; das nennt Einer, der für sie sprechen will, „Frömmigkeit", „Gottseligkeit", und ein Gegner desselben „Bigotterie, Superstition". Im Grunde ist dies eine feine petitio principii: was man erst darthun will, legt man zum Voraus ins Wort, in die Benennung, aus welcher es dann durch ein bloß analytisches Urtheil hervorgeht. Was der Eine „sich seiner Person versichern, in Gewahrsam bringen" nennt, heißt sein Gegner „Einsperren". — Ein Redner verräth oft schon zum Voraus seine Absicht durch die Namen, die er den Sachen giebt. — Der Eine sagt „die Geistlichkeit", der Andere „die Pfaffen".

Unter allen Kunstgriffen wird dieser am häufigsten gebraucht, instinktmäßig. Glaubenseifer ≃ Fanatismus. — Fehltritt oder Galanterie ≃ Ehebruch. — Aequivoken ≃ Zoten. — Dérangirt ≃ Bankerott. — Durch Einfluß und Konnexion ≃ durch Bestechung und Nepotismus. — Aufrichtige Erkenntlichkeit ≃ gute Bezahlung.

Kunstgriff 13. Um zu machen, daß er einen Satz annimmt, müssen wir das Gegentheil dazu geben und ihm die Wahl lassen, und dies Gegentheil recht grell aussprechen, so daß er, um nicht paradox zu seyn, in unsern Satz eingehn muß, der ganz probabel dagegen aussieht. Z. B. er soll zugeben, daß Einer Alles thun muß was ihm sein Vater sagt; so fragen wir: „Soll man in allen Dingen den Eltern ungehorsam oder gehorsam seyn?" — Oder ist von irgend einer Sache gesagt: „Oft", — so fragen wir, ob unter „Oft" wenige Fälle oder viele verstanden sind; er wird sagen „viele". Es ist wie wenn man Grau neben Schwarz legt, so kann es weiß heissen; und legt man es neben Weiß, so kann es schwarz heissen.

Kunstgriff 14. Ein unverschämter Streich ist es, wenn man nach mehreren Fragen, die er beantwortet hat, ohne daß die Antworten zu Gunsten des Schlusses, den wir beabsichtigen, ausgefallen wären, nun den Schlußsatz den man dadurch herbeiführen will, obgleich er gar nicht daraus folgt, dennoch als dadurch bewiesen, aufstellt und triumphirend ausschreit. Wenn der Gegner schüchtern oder dumm ist, und man selbst viel Unverschämtheit und eine gute Stimme hat, so kann das recht gut gelingen. Gehört zur fallacia non causae ut causae.

Kunstgriff 15. Wenn wir einen paradoxen Satz aufgestellt haben, um dessen Beweis wir verlegen sind; so legen wir dem Gegner irgend einen richtigen, aber doch nicht ganz handgreiflich richtigen Satz zur Annahme oder Verwerfung vor, als wollten wir daraus den Beweis schöpfen: verwirft er ihn aus Argwohn, so führen wir ihn ad absurdum und triumphiren: nimmt er ihn aber an, — so haben wir vor der Hand etwas Vernünftiges gesagt und müssen nun weiter sehn. Oder wir fügen nun den vorhergehenden Kunstgriff hinzu und behaupten nun, daraus sei unser Paradoxon bewiesen. Hiezu gehört die äusserste Unverschämtheit: aber es kommt in der Erfahrung vor, und es giebt Leute, die dies Alles instinktmässig ausüben.

Kunstgriff 16. Argumenta ad hominem oder ex concessis.*) Bei einer Behauptung des Gegners müssen

---

*) Die Wahrheit, aus der ich im Beweise ableite, ist entweder eine objektive, allgemein gültige Wahrheit: dann ist mein Beweis κατ' ἀλήθειαν, secundum veritatem. Nur ein solcher Beweis hat eigentlich Werth und wahre Gültigkeit. — Oder aber die Wahrheit, aus der ich ableite, gilt bloß für Den, dem ich beweisen will, mit dem ich etwa disputire; er hat nämlich irgend einen Satz, entweder als Vorurtheil ein für allemal angenommen, oder auch im Disputiren voreilig ihn zugegeben, und auf diesen Satz gründe ich meinen Beweis: dann beweise ich bloß κατ' ἄνθρωπον, ad hominem: ich zwinge meinen Gegner, mir meinen Satz zuzugeben, aber ich begründe keine allgemein gültige Wahrheit: mein Beweis gilt für den Gegner, aber sonst für Niemand. Ist z. B. der Gegner ein strenger Kantianer und ich gründe meinen Beweis auf einen Ausspruch Kants, so ist er an sich nur ad hominem. Ist er ein Mahomedaner, so kann ich meinen Beweis auf eine Stelle des Korans gründen, und das ist für ihn genug, aber immer nur ad hominem. — Ein Beispiel eines argumentum ad hominem aus der alten Philosophie findet sich im Briefe des Epikurs an den Menoeceos, der aufbewahrt ist im 10. Buch des Diog. Laërtius: Epikur polemisirt gegen des Theognis berühmtes Epigramm

Αρχην μεν μη φυναι επιχθονιοισιν αριστον,
Μηδ' εσιδειν αυγας οξεος ἠελιου·
Φυντα δ' ὁπως ωκιστα πυλας Αἴδαου περησαι,
Και κεισθαι πολλην γαιαν εφεσσαμενον.

wir suchen, ob sie nicht etwa irgendwie, nötigenfalls auch nur scheinbar, im Widerspruch steht mit irgend etwas, das er früher gesagt oder zugegeben hat, oder mit den Satzungen einer Schule oder Sekte, die er gelobt und gebilligt hat, oder mit dem Thun der Anhänger dieser Sekte, oder auch nur der unächten und scheinbaren Anhänger, oder mit seinem eigenen Thun und Lassen. Vertheidigt er z. B. den Selbstmord, so schreit man gleich: „Warum hängst du dich nicht auf?" Oder er behauptet z. B., Berlin sei ein unangenehmer Aufenthalt, gleich schreit man: „Warum fährst Du nicht gleich mit der ersten Schnellpost ab?" — Es wird sich doch irgendwie eine Schikane herausklauben lassen.

Kunstgriff 17. Wenn der Gegner uns durch einen Gegenbeweis bedrängt, so werden wir uns oft retten können durch eine feine Unterscheidung, an die wir früher freilich nicht gedacht haben, wenn die Sache irgend eine doppelte Bedeutung oder einen doppelten Fall zuläßt.

Kunstgriff 18. Merken wir, daß der Gegner eine Argumentation ergriffen hat, mit der er uns schlagen wird; so müssen wir es nicht dahin kommen lassen, ihn solche nicht zu Ende führen lassen, sondern bei Zeiten den Gang der Disputation unterbrechen, abspringen oder ablenken und auf andere Sätze führen, kurz eine mutatio controversiae zu Wege bringen. (Hiezu Kunstgriff 29.)

Kunstgriff 19. Fordert der Gegner uns ausdrücklich auf, gegen irgend einen bestimmten Punkt seiner Behauptung etwas vorzubringen; wir haben aber nichts Rechtes; so müssen wir die Sache recht in's Allgemeine spielen und dann gegen dieses reden. Wir sollen sagen, warum einer bestimmten physikalischen Hypothese nicht zu trauen ist: so

---

und sagt nun: ει μεν γαρ πεποιθως τουτο φησι, πως ουκ υπερχεται εκ του ζην; εν ετοιμω γαρ αυτω τουτο εστιν, ειπερ ην βεβουλευμενον αυτω βεβαιως· ει δε μωκωμενος (irridens), ματαιος, εν τοις ουκ επιδεχομενοις. —

reden wir über die Trüglichkeit des menschlichen Wissens und erläutern sie an allerhand.

Kunstgriff 20. Wenn wir ihm die Vordersätze abgefragt haben, und er sie zugegeben hat, müssen wir den Schluß daraus nicht etwa auch noch fragen, sondern geradezu selbst ziehn: ja sogar wenn von den Vordersätzen noch einer oder der andere fehlt, so nehmen wir ihn doch als gleichfalls eingeräumt an und ziehn den Schluß. Welches dann eine Anwendung der fallacia non causae ut causae ist.

Kunstgriff 21. Bei einem bloß scheinbaren oder sophistischen Argumente des Gegners, welches wir durchschauen, können wir zwar es auflösen durch Auseinandersetzung seiner Verfänglichkeit und Scheinbarkeit; allein besser ist es, ihm mit einem eben so scheinbaren und sophistischen Gegenargument zu begegnen und so ihn abzufertigen. Denn es kommt ja nicht auf die Wahrheit, sondern auf den Sieg an. Giebt er z. B. ein argumentum ad hominem, so ist es hinreichend es durch den Gegenargument ad hominem (ex concessis) zu entkräftigen, und überhaupt ist es kürzer, statt einer langen Auseinandersetzung der wahren Beschaffenheit der Sache, ein argumentum ad hominem zu geben, wenn es sich darbietet.

Kunstgriff 22. Fordert der Gegner, daß wir etwas zugeben, daraus das in Streit stehende Problem unmittelbar folgen würde, so lehnen wir es ab, indem wir es für eine petitio principii ausgeben; denn er und die Zuhörer werden einen dem Problem nahe verwandten Satz leicht als mit dem Problem identisch ansehn, und so entziehn wir ihm sein bestes Argument.

Kunstgriff 23. Der Widerspruch und der Streit reizt zur Uebertreibung der Behauptung. Wir können also den Gegner durch Widerspruch reizen, eine an sich und in gehöriger Einschränkung allenfalls wahre Behauptung über die Wahrheit hinaus zu steigern: und wenn wir nun diese Uebertreibung widerlegt haben; so sieht es aus, als hätten wir auch seinen ursprünglichen Satz widerlegt. Dagegen haben wir selbst uns zu hüten, nicht uns durch Widerspruch zur Uebertreibung oder weitern Ausdehnung unsers Satzes verleiten zu lassen. Oft auch wird der Gegner selbst unmittelbar suchen, unsere Behauptung weiter auszudehnen, als wir sie gestellt haben; dem müssen wir dann gleich Einhalt thun und ihn auf die Grenzlinie unserer Behauptung zurückführen, mit: „so viel habe ich gesagt und nicht mehr."

Kunstgriff 24. Die Konsequenzmacherei. Man erzwingt aus dem Satze des Gegners, durch falsche Folgerungen und Verdrehung der Begriffe, Sätze, die nicht darin liegen und gar nicht die Meinung des Gegners sind, hingegen absurd oder gefährlich sind: da es nun scheint, daß aus seinem Satze solche Sätze, die entweder sich selbst oder anerkannten Wahrheiten widersprechen, hervorgehn; so gilt dies für eine indirekte Widerlegung, Apagoge, und ist wieder eine Anwendung der fallacia non causae ut causae.

Kunstgriff 25. Er betrifft die Apagoge durch eine Instanz, exemplum in contrarium. Die $\dot{\epsilon}\pi\alpha\gamma\omega\gamma\eta$, inductio, bedarf einer grossen Menge Fälle, um ihren allgemeinen Satz aufzustellen; die $\dot{\alpha}\pi\alpha\gamma\omega\gamma\eta$ braucht nur einen einzigen Fall aufzustellen, zu dem der Satz nicht paßt, und er ist umgeworfen: ein solcher Fall heißt Instanz, $\dot{\epsilon}\nu\sigma\tau\alpha\sigma\iota\varsigma$, exemplum in contrarium, instantia. Z. B. der Satz: „Alle Wiederkäuer sind gehörnt", wird umgestoßen durch die einzige Instanz der Kameele. Die Instanz ist ein Fall der Anwendung der allgemeinen Wahrheit, etwas unter den Hauptbegriff derselben zu Subsumirendes, davon aber jene Wahrheit nicht gilt und dadurch ganz umgestoßen wird. Allein dabei können Täuschungen vorgehn: wir haben also bei Instanzen, die der Gegner macht, Folgendes zu beachten:
1) ob das Beispiel auch wirklich wahr ist: es giebt Probleme, deren einzig wahre Lösung die ist, daß der Fall nicht wahr ist, z. B. viele Wunder, Geistergeschichten u. s. w.;

2) ob es auch wirklich unter den Begriff der aufgestellten

Wahrheit gehört: das ist oft nur scheinbar und ist durch eine scharfe Distinktion zu lösen;

3) ob es auch wirklich in Widerspruch steht mit der aufgestellten Wahrheit: auch dies ist oft nur scheinbar.

Kunstgriff 26. Ein brillanter Streich ist die retorsio argumenti: wenn das Argument, das der Gegner für sich gebrauchen will, besser gegen ihn gebraucht werden kann. Z. B. er sagt: „es ist ein Kind, man muß ihm was zu Gute halten." Retorsio: „eben weil es ein Kind ist, muß man es züchtigen, damit es nicht verhärte in seinen bösen Angewohnheiten."

Kunstgriff 27. Wird bei einem Argumente der Gegner unerwartet besonders böse, so muß man dieses Argument eifrig urgiren: nicht bloß weil es gut ist, ihn in Zorn zu versetzen, sondern weil zu vermuthen ist, daß man die schwache Seite seines Gedankenganges berührt hat und ihm an dieser Stelle wohl noch mehr anzuhaben ist, als man vor der Hand selber sieht.

Kunstgriff 28. Dieser ist hauptsächlich anwendbar, wenn Gelehrte vor ungelehrten Zuhörern streiten. Wenn man kein argumentum ad rem hat und auch nicht einmal eines ad hominem, so macht man eines ad auditores, d. h. einen ungültigen Einwurf, dessen Ungültigkeit aber nur der Sachkundige einsieht: ein solcher ist der Gegner, aber die Hörer nicht: er wird also in ihren Augen geschlagen, zumal wenn der Einwurf seine Behauptung irgendwie in ein lächerliches Licht stellt: zum Lachen sind die Leute gleich bereit, und man hat die Lacher auf seiner Seite. Die Nichtigkeit des Einwurfs zu zeigen müßte der Gegner eine lange Auseinandersetzung machen und auf die Principien der Wissenschaft oder sonstige Angelegenheiten zurückgehn; dazu findet er nicht leicht Gehör.

Exempel. Der Gegner sagt: Bei der Bildung des Urgebirgs war die Masse, aus welcher der Granit und alles übrige Urgebirge krystallisirte, flüssig durch Wärme, also geschmolzen; die Wärme mußte etwa 200⁰ R. seyn, die Masse krystallisirte unter der sie bedeckenden Meeresfläche. — Wir machen das argumentum ad auditores, daß bei jener Temperatur, ja schon lange vorher bei 80⁰ R., das Meer längst verkocht wäre und in der Luft schwebte als Dunst. — Die Zuhörer lachen. Um uns zu schlagen, hätte er zu zeigen, daß der Siedepunkt nicht allein von dem Wärmegrad, sondern eben so sehr vom Druck der Atmosphäre abhängt, und dieser, sobald etwan das halbe Meereswasser in Dunstgestalt schwebt, so sehr erhöht ist, daß auch bei 200⁰ R. noch kein Kochen stattfindet. — Aber dazu kommt er nicht, da es bei Nichtphysikern einer Abhandlung bedarf. (Mitscherlich, Abhdl. der Berl. Akad., 1822.)

Kunstgriff 29*). Merkt man daß man geschlagen wird; so kann man eine Diversion machen, d. h. fängt mit einem Male von etwas ganz Anderem an, als gehörte es zur Sache und wäre ein Argument gegen den Gegner. Dies geschieht mit einiger Bescheidenheit, wenn die Diversion doch noch überhaupt das thema quaestionis betrifft; unverschämt, wenn es bloß den Gegner angeht und gar nicht von der Sache redet.

Z. B. ich lobte, daß in China kein Geburtsadel sei und die Aemter nur in Folge von Examina ertheilt werden. Mein Gegner behauptete, daß Gelehrsamkeit eben so wenig, als Vorzüge der Geburt (von denen er etwas hielt) zu Aemtern fähig machte. — Nun gieng es für ihn schief. Sogleich machte er die Diversion, daß in China alle Stände mit der Bastonade gestraft werden, welches er mit dem vielen Theetrinken in Verbindung brachte und Beides den Chinesen zum Vorwurf machte. — Wer nun gleich auf Alles sich einliesse, würde sich dadurch haben ableiten lassen und den schon errungenen Sieg aus den Händen gelassen haben.

Unverschämt ist die Diversion, wenn sie die Sache quaestionis ganz und gar verläßt und etwan anhebt: „ja, und

---

*) (Zu Kunstgriff 18).

so behaupteten Sie neulich ebenfalls ꝛc." Denn da gehört sie gewissermaaßen zum „Persönlichwerden", davon in dem letzten Kunstgriff die Rede seyn wird. Sie ist genau genommen eine Mittelstufe zwischen dem daselbst zu erörternden argumentum ad personam und dem argumentum ad hominem. —

Wie sehr gleichsam angeboren dieser Kunstgriff sei, zeigt jeder Zank zwischen gemeinen Leuten: wenn nämlich Einer dem Andern persönliche Vorwürfe macht; so antwortet dieser nicht etwa durch Widerlegung derselben, sondern durch persönliche Vorwürfe, die er dem Ersten macht, die ihm selbst gemachten stehn lassend, also gleichsam zugebend. Er macht es, wie Scipio, der die Karthager nicht in Italien, sondern in Afrika angriff. Im Kriege mag solche Diversion zu Zeiten taugen. Im Zanken ist sie schlecht, weil man die empfangenen Vorwürfe stehen läßt, und der Zuhörer alles Schlechte von beiden Parteien erfährt. Im Disputiren ist sie faute de mieux gebräuchlich.

Kunstgriff 30. Das argumentum ad verecundiam. Statt der Gründe brauche man Autoritäten nach Maaßgabe der Kenntnisse des Gegners. Unusquisque mavult credere quam judicare, sagt Seneka: man hat also leichtes Spiel, wenn man eine Autorität für sich hat, die der Gegner respektirt. Es wird aber für ihn desto mehr gültige Autoritäten geben, je beschränkter seine Kenntnisse und Fähigkeiten sind. Sind etwa diese vom ersten Rang, so wird es höchst wenige und fast gar keine Autoritäten für ihn geben. Allenfalls wird er die der Leute vom Fach in einer ihm wenig oder gar nicht bekannten Wissenschaft, Kunst oder Handwerk gelten lassen, und auch diese mit Mißtrauen. Hingegen haben die gewöhnlichen Leute tiefen Respekt für die Leute vom Fach jeder Art. Sie wissen nicht, daß wer Profession von der Sache macht, nicht die Sache liebt, sondern seinen Erwerb: — noch, daß wer eine Sache lehrt, sie selten gründlich weiß, denn wer sie gründlich studirt, dem bleibt meistens

keine Zeit zum Lehren übrig. Allein für das Vulgus giebt
es gar viele Autoritäten, die Respekt finden: hat man daher
keine ganz passende, so nehme man eine scheinbar passende,
führe an, was Einer in einem andern Sinne oder in andern Verhältnissen gesagt hat. Autoritäten, die der Gegner
gar nicht versteht, wirken meistens am meisten. Ungelehrte
haben einen eignen Respekt vor griechischen und lateinischen
Floskeln. Auch kann man die Autoritäten nöthigenfalls
nicht bloß verdrehen, sondern geradezu verfälschen, oder gar
welche anführen, die ganz aus eigener Erfindung sind: meistens hat der Gegner das Buch nicht zur Hand und weiß
es auch nicht zu handhaben. Das schönste Beispiel hiezu
giebt der französische Curé, der, um nicht, wie die andern
Bürger mußten, die Strasse vor seinem Hause zu pflastern,
einen biblischen Spruch anführte: paveant illi, ego non
pavebo. Das überzeugte die Gemeinde=Vorsteher. Auch
sind allgemeine Vorurtheile als Autoritäten zu gebrauchen; denn die Meisten denken mit Aristoteles: ἁ μεν
πολλοις δοκει, ταυτα γε ειναι φαμεν. Ja, es giebt keine
noch so absurde Meinung, die die Menschen nicht leicht zu
der ihrigen machten, sobald man es dahin gebracht hat, sie
zu überreden, daß solche allgemein angenommen sei.
Das Beispiel wirkt auf ihr Denken, wie auf ihr Thun. Sie
sind Schaafe, die dem Leithammel nachgehn, wohin er auch
führt; es ist ihnen leichter zu sterben, als zu denken. Es
ist sehr seltsam, daß die Allgemeinheit einer Meinung so
viel Gewicht bei ihnen hat, da sie doch an sich selbst sehen
könnten, wie ganz ohne Urtheil und bloß kraft des Beispiels
man Meinungen annimmt. Aber das sehn sie nicht, weil
alle Selbstkenntniß ihnen abgeht. — Nur die Auserlesenen
sagen mit Plato: τοις πολλοις πολλα δοκει, d. h. das
Vulgus hat viele Flausen im Kopfe, und wollte man sich
daran kehren, hätte man viel zu thun.

Die Allgemeinheit einer Meinung ist, im Ernst
geredet, kein Beweis, ja nicht einmal ein Wahrscheinlichkeits-

grund ihrer Richtigkeit. Die, welche es behaupten, müssen annehmen, 1) daß die Entfernung in der Zeit jener Allgemeinheit ihre Beweiskraft raubt; sonst müßten sie alle alten Irrthümer zurückrufen, die einmal allgemein für Wahrheit galten, z. B. das Ptolemäische System, oder in allen protestantischen Ländern den Katholizismus herstellen; 2) daß die Entfernung im Raum dasselbe leistet; sonst wird sie die Allgemeinheit der Meinung in den Bekennern des Budbhaismus, des Christenthums und des Islam in Verlegenheit setzen. (Bentham, Tactique des assemblées législatives, Vol. 2, p. 76.)

Was man so die allgemeine Meinung nennt, ist, beim Lichte betrachtet, die Meinung zweier oder dreier Personen, und davon würden wir uns überzeugen, wenn wir der Entstehungsart so einer allgemein gültigen Meinung zusehen könnten. Wir würden dann finden, daß zwei oder drei Leute es sind, die solche zuerst annahmen oder aufstellten und behaupteten, und denen man so gütig war zuzutrauen, daß sie solche recht gründlich geprüft hätten. Auf das Vorurtheil der hinlänglichen Fähigkeit Dieser nahmen zuerst einige Andere die Meinung ebenfalls an. Diesen wiederum glaubten viele Andere, deren Trägheit ihnen anrieth, lieber gleich zu glauben, als erst mühsam zu prüfen. So wuchs von Tag zu Tag die Zahl solcher trägen und leichtgläubigen Anhänger: denn hatte die Meinung erst eine gute Anzahl Stimmen für sich, so schrieben die Folgenden dies dem zu, daß sie solche nur durch die Triftigkeit ihrer Gründe hätte erlangen können. Die noch Uebrigen waren jetzt genöthigt, gelten zu lassen was allgemein galt, um nicht für unruhige Köpfe zu gelten, die sich gegen allgemein gültige Meinungen auflehnten, und naseweise Burschen, die klüger sein wollten als alle Welt. Jetzt wurde die Beistimmung zur Pflicht. Nunmehr müssen die Wenigen, welche zu urtheilen fähig sind, schweigen: und die da reden dürfen, sind Solche, welche völlig unfähig, eigene Meinungen und eigenes Urtheil zu haben, das bloße Echo fremder Meinungen sind; jedoch sind sie desto eifrigere und unduldsamere Vertheidiger derselben. Denn sie hassen am Andersdenkenden nicht sowohl die andere Meinung, zu der er sich bekennt, als die Vermessenheit, selbst urtheilen zu wollen; was sie ja doch selbst nie unternehmen und im Stillen sich dessen bewußt sind. — Kurzum denken können sehr Wenige, aber Meinungen wollen Alle haben; was bleibt da Anderes übrig, als daß sie solche, statt sie sich selber zu machen, ganz fertig von Andern aufnehmen? —

Da es so zugeht, was gilt noch die Stimme von hundert Millionen Menschen? — So viel, wie etwan ein historisches Faktum, das man in hundert Geschichtsschreibern findet, dann aber nachweist, daß sie Alle Einer den Andern ausgeschrieben haben, wodurch zuletzt Alles auf die Aussage eines Einzigen zurückläuft. (Nach Bayle, Pensées sur les Comètes, Vol. I, p. 10.)

„Dico ego, tu dicis, sed denique dixit et ille:
Dictaque post toties, nil nisi dicta vides."

Nichts desto weniger kann man im Streit mit gewöhnlichen Leuten die allgemeine Meinung als Autorität gebrauchen.

Ueberhaupt wird man finden, daß, wenn zwei gewöhnliche Köpfe mit einander streiten, meistens die gemeinsam von ihnen erwählte Waffe Autoritäten sind: damit schlagen sie auf einander los. — Hat der bessere Kopf mit einem Solchen zu thun, so ist das Räthlichste, daß er sich auch zu dieser Waffe bequeme, sie auslesend nach Maaßgabe der Blöße seines Gegners. Denn gegen die Waffe der Gründe ist dieser, ex hypothesi, ein gehörnter Siegfried, eingetaucht in die Fluth der Unfähigkeit zu denken und zu urtheilen.

Vor Gericht wird eigentlich nur mit Autoritäten gestritten, der Autorität der Gesetze, die fest steht: das Geschäft der Urtheilskraft ist das Auffinden des Gesetzes, d. h. der

Autorität, die im gegebenen Fall Anwendung findet. Die Dialektik hat aber Spielraum genug, indem, erforderlichen Falls, der Fall und ein Gesetz, die nicht eigentlich zu einander passen, gedreht werden, bis man sie für zu einander passend ansieht: auch umgekehrt.

Kunstgriff 31. Wo man gegen die dargelegten Gründe des Gegners nichts vorzubringen weiß, erkläre man sich mit feiner Ironie für inkompetent: „Was Sie da sagen, übersteigt meine schwache Fassungskraft: es mag sehr richtig seyn; allein ich kann es nicht verstehn und begebe mich alles Urtheils." — Dadurch insinuirt man den Zuhörern, bei denen man in Ansehn steht, daß es Unsinn ist. So erklärten beim Erscheinen der Kritik der reinen Vernunft oder vielmehr beim Anfang ihres erregten Aufsehns viele Professoren von der alten eklektischen Schule: „Wir verstehen das nicht", und glaubten sie dadurch abgethan zu haben. Als aber einige Anhänger der neuen Schule ihnen zeigten, daß sie Recht hätten und es wirklich nur nicht verständen, wurden sie sehr übler Laune.

Man darf diesen Kunstgriff nur da brauchen, wo man sicher ist, bei den Zuhörern in entschieden höherm Ansehn zu stehen, als der Gegner; z. B. ein Professor gegen einen Studenten.

Eigentlich gehört dies zum vorigen Kunstgriff und ist ein Geltendmachen der eigenen Autorität, statt der Gründe, auf besonders maliciöse Weise. — Der Gegenstreich ist: „Erlauben Sie, bei Ihrer grossen Penetration muß es Ihnen ein Leichtes seyn, es zu verstehn, und kann nur meine schlechte Darstellung Schuld seyn", — und nun ihm die Sache so in's Maul schmieren, daß er sie nolens volens verstehn muß und klar wird, daß er sie vorhin wirklich nur nicht verstand. — So ist's retorquirt: er wollte uns „Unsinn" insinuiren: wir haben ihm „Unverstand" bewiesen. Beides mit schönster Höflichkeit.

Kunstgriff 32. Eine uns entgegenstehende Behauptung

des Gegners können wir auf eine kurze Weise dadurch beseitigen oder wenigstens verdächtig machen, daß wir sie unter eine verhaßte Kategorie bringen, wenn sie auch nur durch eine Aehnlichkeit oder sonst lose mit ihr zusammenhängt; z. B.: „Das ist Manichäismus; das ist Arianismus; das ist Pelagianismus; das ist Idealismus; das ist Spinozismus; das ist Pantheismus; das ist Brownianismus; das ist Naturalismus; das ist Atheismus; das ist Rationalismus; das ist Spiritualismus; das ist Mysticismus u. s. w." — Wir nehmen dabei zweierlei an: 1) daß jene Behauptung wirklich identisch oder wenigstens enthalten sei in jener Kategorie, rufen also aus: oh, das kennen wir schon! — 2) daß diese Kategorie schon ganz widerlegt sei und kein wahres Wort enthalten könne. —

Kunstgriff 33. „Das mag in der Theorie richtig seyn; in der Praxis ist es falsch." — Durch dieses Sophisma giebt man die Gründe zu und leugnet doch die Folgen; im Widerspruch mit der Regel: a ratione ad rationatum valet consequentia. — Jene Behauptung setzt eine Unmöglichkeit: was in der Theorie richtig ist, muß auch in der Praxis zutreffen: trifft es nicht zu, so liegt ein Fehler in der Theorie, irgend etwas ist übersehn und nicht in Anschlag gebracht worden, folglich ist's auch in der Theorie falsch.

Kunstgriff 34. Wenn der Gegner auf eine Frage oder ein Argument keine direkte Antwort oder Bescheid giebt, sondern durch eine Gegenfrage oder eine indirekte Antwort, oder gar etwas nicht zur Sache Gehöriges ausweicht und wo anders hinwill; so ist dies ein sicheres Zeichen, daß wir (bisweilen ohne es zu wissen) auf einen faulen Fleck getroffen haben: es ist ein relatives Verstummen seinerseits. Der von uns angeregte Punkt ist also zu urgiren und der Gegner nicht vom Fleck zu lassen; selbst dann, wann wir noch nicht sehn, worin eigentlich die Schwäche besteht, die wir hier getroffen haben.

Kunstgriff 35, der, sobald er praktikabel ist, alle übrigen

entbehrlich macht: statt durch Gründe auf den Intellekt, wirke man durch Motive auf den Willen, und der Gegner, wie auch die Zuhörer, wenn sie gleiches Interesse mit ihm haben, sind sogleich für unsere Meinung gewonnen, und wäre diese aus dem Tollhause geborgt; denn meistens wiegt ein Loth Wille mehr, als ein Centner Einsicht und Ueberzeugung. Freilich geht dies nur unter besondern Umständen an. Kann man dem Gegner fühlbar machen, daß seine Meinung, wenn sie gültig würde, seinem Interesse merklichen Abbruch thäte; so wird er sie so schnell fahren lassen, wie ein heißes Eisen, das er unvorsichtigerweise ergriffen hatte. Z. B. ein Geistlicher vertheidigt ein philosophisches Dogma: man gebe ihm zu vermerken, daß es mittelbar mit einem Grunddogma seiner Kirche in Widerspruch steht, und er wird es fahren lassen. — Ein Gutsbesitzer behauptet die Vortrefflichkeit des Maschinenwesens in England, wo eine Dampfmaschine vieler Menschen Arbeit thut: man gebe ihm zu verstehen, daß bald auch die Wagen durch Dampfmaschinen werden gezogen werden, wo dann die Pferde seiner zahlreichen Stuterei sehr im Preise sinken müssen; — und man wird sehn. In solchen Fällen ist das Gefühl eines Jeden: „Quam temere in nosmet legem sancimus iniquam!" Eben so, wenn die Zuhörer mit uns zu einer Sekte, Gilde, Gewerbe, Klubb u. s. w. gehören, der Gegner aber nicht. Seine These sei noch so richtig, sobald wir nur andeuten, daß solche dem gemeinsamen Interesse besagter Gilde zuwiderläuft; so werden alle Zuhörer die Argumente des Gegners, seien sie auch vortrefflich, schwach und erbärmlich, unsere dagegen, und wären sie aus der Luft gegriffen, richtig und treffend finden, der Chor wird laut sich für uns vernehmen lassen und der Gegner wird beschämt das Feld räumen. Ja, die Zuhörer werden meistens glauben, aus reiner Ueberzeugung gestimmt zu haben. Denn was uns unvortheilhaft ist, erscheint meistens dem Intellekt absurd. Intellectus luminis sicci non est etc. Dieser Kunstgriff könnte so bezeichnet werden: „den Baum bei der Wurzel anfassen": gewöhnlich heißt er das argumentum ab utili.

Kunstgriff 36. Den Gegner durch sinnlosen Wortschwall verdutzen, verblüffen. Es beruht darauf, daß

> Gewöhnlich glaubt der Mensch, wenn er nur Worte hört,
> Es müsse sich dabei doch auch was denken lassen.

Wenn er nun sich seiner eigenen Schwäche im Stillen bewußt ist, wenn er gewohnt ist, mancherlei zu hören was er nicht versteht, und doch dabei zu thun, als verstände er es; so kann man ihm dadurch imponiren, daß man ihm einen gelehrt oder tiefsinnig klingenden Unsinn, bei dem ihm Hören, Sehen und Denken vergeht, mit ernsthafter Miene vorschwatzt, und solches für den unbestreitbarsten Beweis seiner eigenen Thesis ausgiebt. Bekanntlich haben in neuern Zeiten selbst dem ganzen deutschen Publiko gegenüber einige Philosophen diesen Kunstgriff mit dem brilliantesten Erfolg angewandt. Weil aber exempla odiosa sind, wollen wir ein älteres Beispiel nehmen aus Goldsmiths Vikar of Wakefield, p. 34.

Kunstgriff 37 (der einer der ersten seyn sollte). Wenn der Gegner auch in der Sache Recht hat, allein glücklicherweise für selbige einen schlechten Beweis wählt; so gelingt es uns leicht, diesen Beweis zu widerlegen, und nun geben wir dies für eine Widerlegung der Sache aus. Im Grunde läuft dieses darauf zurück, daß wir ein argumentum ad hominem für eines ad rem ausgeben. Fällt ihm oder den Umstehenden kein richtiger Beweis bei, so haben wir gesiegt; z. B. wenn Einer für das Daseyn Gottes den ontologischen Beweis aufstellt, der sehr wohl widerlegbar ist. Dies ist der Weg, auf welchem schlechte Advokaten eine gute Sache verlieren: sie wollen sie durch ein Gesetz rechtfertigen, das darauf nicht paßt, und das passende fällt ihnen nicht ein.

Letzter Kunstgriff. Wenn man merkt, daß der Gegner überlegen ist, und man Unrecht behalten wird; so werde man persönlich, beleidigend, grob. Das Persönlichwerden besteht darin, daß man von dem Gegenstand des Streites (weil man da verlorenes Spiel hat) abgeht auf den Streitenden und seine Person irgendwie angreift: man könnte es nennen argumentum ad personam, zum Unterschied von argumentum ad hominem: dieses geht vom rein objektiven Gegenstand ab, um sich an Das zu halten, was der Gegner darüber gesagt oder zugegeben hat. Beim Persönlichwerden aber verläßt man den Gegenstand ganz und richtet seinen Angriff auf die Person des Gegners: man wird also kränkend, hämisch, beleidigend, grob. Es ist eine Appellation von den Kräften des Geistes an die des Leibes oder an die Thierheit. Diese Regel ist sehr beliebt, weil Jeder zur Ausführung tauglich ist, und wird daher häufig angewandt. Nun frägt sich, welche Gegenregel hiebei für den andern Theil gilt. Denn will er die selbe gebrauchen, so wird's eine Prügelei, oder ein Duell oder ein Injurienproceß.

Man würde sich sehr irren, wenn man meinte, es sei hinreichend, selbst nicht persönlich zu werden. Denn dadurch, daß man Einem ganz gelassen zeigt, daß er Unrecht hat und also falsch urtheilt und denkt, was bei jedem dialektischen Siege der Fall ist, verbittert man ihn mehr, als durch einen groben, beleidigenden Ausdruck. Warum? Weil, wie Hobbes, de Cive, Cap. 1 sagt: Omnis animi voluptas omnisque alacritas in eo sita est, quod quis habeat, quibuscum conferens se, possit magnifice sentire de se ipso. — Dem Menschen geht nichts über die Befriedigung seiner Eitelkeit, und keine Wunde schmerzt mehr, als die dieser geschlagen wird. (Daraus stammen Redensarten wie: „die Ehre gilt mehr als das Leben" u. s. w.) Diese Befriedigung der Eitelkeit entsteht hauptsächlich aus der Vergleichung Seiner mit Andern, in jeder Beziehung, aber hauptsächlich in Beziehung auf die Geisteskräfte. Diese eben geschieht effective und sehr stark beim Disputiren. Daher die Erbitterung des Besiegten, ohne daß ihm Unrecht widerfahren, und daher sein Greifen zum letzten Mittel, diesem letzten Kunstgriff, dem man nicht entgehn kann durch bloße Höflichkeit seinerseits. Große Kaltblütigkeit kann jedoch auch hier aushelfen, wenn man nämlich, sobald der Gegner persönlich wird, ruhig antwortet, Das gehöre nicht zur Sache, und sogleich auf diese zurücklenkt und fortfährt, ihm hier sein Unrecht zu beweisen, ohne seine Beleidigungen zu achten, also gleichsam, wie Themistokles zum Eurybiades, sagt: παταξον μεν, ακουσον δε. Das ist aber nicht Jedem gegeben.

Die einzig sichere Gegenregel ist daher die, welche schon Aristoteles im letzten Kapitel der Topica giebt: Nicht mit dem Ersten dem Besten zu disputiren, sondern allein mit Solchen, die man kennt, und von denen man weiß, daß sie Verstand genug haben, nicht gar zu Absurdes vorzubringen und dadurch beschämt werden zu müssen; und um mit Gründen zu disputiren, und nicht mit Machtsprüchen, und um auf Gründe zu hören und darauf einzugehn; und endlich, daß sie die Wahrheit schätzen, gute Gründe gern hören, auch aus dem Munde des Gegners, und Billigkeit genug haben, um es ertragen zu können, Unrecht zu behalten, wenn die Wahrheit auf der andern Seite liegt. Daraus folgt, daß unter 100 kaum Einer ist, der werth ist, daß man mit ihm disputirt. Die Uebrigen lasse man reden, was sie wollen, denn desipere est juris gentium, und man bedenke, was Voltaire sagt: La paix vaut encore mieux que la vérité, und ein arabischer Spruch ist: „Am Baume des Schweigens hängt seine Frucht, der Friede."

Das Disputiren ist als Reibung der Köpfe allerdings oft von gegenseitigem Nutzen, zur Berichtigung der eignen Gedanken und auch zur Erzeugung neuer Ansichten. Allein beide Disputanten müssen an Gelehrsamkeit und an Geist ziemlich gleich stehn. Fehlt es dem Einen an der ersten, so versteht er nicht Alles, ist nicht au niveau. Fehlt es ihm am zweiten, so wird die dadurch herbeigeführte Erbitterung ihn zu Unredlichkeiten und Kniffen, endlich zur Grobheit verleiten.

Schlußbemerkung.

Zwischen der Disputation in colloquio privato s. familiari und der Disputatio sollemnis publica, pro gradu u. s. w. ist kein wesentlicher Unterschied, bloß etwa, daß bei letzterer gefordert wird, daß der Respondens allemal gegen den Opponens Recht behalten soll, und deshalb nöthigenfalls der Praeses ihm beispringt; — oder auch, daß man bei letzterer mehr förmlich argumentirt, seine Argumente gern in die strenge Schlußform kleidet.

Ueber das Interessante.

An den Werken der Dichtkunst, namentlich der epischen und dramatischen, findet eine Eigenschaft Raum, welche von der Schönheit verschieden ist: das Interessante. — Die Schönheit besteht darin, daß das Kunstwerk die Ideen der Welt überhaupt, die Dichtkunst besonders die Ideen des Menschen deutlich wiedergiebt und dadurch auch den Hörer zur Erkenntniß der Ideen hinleitet. Die Mittel der Dicht=kunst zu diesem Zweck sind Aufstellung bedeutender Karak=tere und Erfindung von Begebenheiten zur Herbeiführung bedeutsamer Situationen, durch welche jene Karaktere eben veranlaßt werden, ihre Eigenthümlichkeiten zu entfalten, ihr Inneres aufzuschließen; so daß durch solche Darstellung die vielseitige Idee der Menschheit deutlicher und vollständiger erkannt wird. Schönheit überhaupt aber ist die unzertrenn=liche Eigenschaft der erkennbar gewordenen Idee: oder schön ist Alles, worin eine Idee erkannt wird; denn schön seyn heißt eben eine Idee deutlich aussprechen. — Wir sehn, daß die Schönheit immer Sache des Erkennens ist und bloß an das Subjekt der Erkenntniß sich wendet, nicht an den Willen. Wir wissen sogar, daß die Auffassung des Schönen, im Subjekt, ein gänzliches Schweigen des Willens voraussetzt. — Hingegen interessant nennen wir ein Drama oder erzählende Dichtung dann, wann die darge=stellten Begebenheiten und Handlungen uns einen Antheil abnöthigen, demjenigen ganz ähnlich, welchen wir bei wirk=lichen Begebenheiten, darin unsre eigne Person mit ver=flochten ist, empfinden. Das Schicksal der dargestellten Per=

sonen wird dann in eben der Art, wie unser eignes, empfunden: wir erwarten mit Anspannung die Entwickelung der Begebenheiten, verfolgen mit Begierde ihren Fortgang, empfinden wirkliches Herzklopfen beim Herannahen der Gefahr, unser Puls stockt, wann solche den höchsten Grad erreicht hat, und klopft wieder schneller, wann der Held plötzlich gerettet wird; wir können das Buch nicht weglegen, ehe wir zum Ende gekommen, wachen auf diese Art tief in die Nacht, aus Antheil an den Besorgnissen unseres Helden, wie wohl sonst durch eigne Sorgen. Ja, wir würden, statt Erholung und Genuß, bei solchen Darstellungen alle die Pein empfinden, die uns das wirkliche Leben oft auflegt, oder wenigstens die, welche in einem beängstigenden Traum uns verfolgt, wenn nicht, beim Lesen oder beim Schauen im Theater, der feste Boden der Wirklichkeit uns immer zur Hand wäre und wir, sobald ein zu heftiges Leiden uns affizirt, auf ihn uns rettend die Täuschung jeden Augenblick unterbrechen und dann wieder beliebig uns ihr von Neuem hingeben könnten, ohne jenes mit so gewaltsamem Uebergang zu vollbringen, wie wenn wir vor den Schreckgestalten eines schweren Traumes uns endlich nur durch das Erwachen retten.

Es ist offenbar, daß, was von einer Dichtung dieser Art in Bewegung gesetzt wird, unser Wille ist und nicht bloß die reine Erkenntniß. Das Wort „interessant" bedeutet eben daher überhaupt Das, was dem individuellen Willen Antheil abgewinnt, quod nostra interest. Hier scheidet sich deutlich das Schöne vom Interessanten: jenes ist die Sache der Erkenntniß und zwar der allerreinsten: dieses wirkt auf den Willen. Sodann besteht das Schöne im Auffassen der Ideen, welche Erkenntniß den Satz vom Grunde verlassen hat: hingegen das Interessante entsteht immer aus dem Gange der Begebenheiten, d. h. aus Verflechtungen, welche nur durch den Satz vom Grunde in seinen verschiedenen Gestalten möglich sind.

Die wesentliche Verschiedenheit zwischen dem Interessanten und dem Schönen ist nun deutlich. Als eigentlichen Zweck jeder Kunst, mithin auch der Dichtkunst, haben wir das Schöne erkannt. Es frägt sich also nur, ob das Interessante etwa ein zweiter Zweck der Dichtkunst ist, oder ob Mittel zur Darstellung des Schönen, oder ob durch dieses als wesentliches Accidens herbeigeführt und sich von selbst einfindend sobald das Schöne da ist, oder ob wenigstens mit diesem Hauptzweck vereinbar, oder endlich ob ihm entgegen und störend.

Zuvörderst: Das Interessante findet sich allein bei Werken der Dichtkunst ein, nicht bei denen der bildenden Künste, der Musik und Architektur. Bei diesen läßt es sich nicht einmal denken: es sei denn als etwas ganz Individuelles für Einen oder einige Beschauer: wie wenn das Bild Porträt einer geliebten oder gehaßten Person wäre, das Gebäude mein Wohnhaus oder mein Gefängniß, die Musik mein Hochzeitstanz oder der Marsch, mit dem ich zu Felde zog. Ein Interessantes dieser Art ist offenbar dem Wesen und Zweck der Kunst völlig fremd, ja störend, sofern es ganz von der reinen Kunstbeschauung ableitet. Es möchte sich finden, daß dieses in geringerm Grade von allem Interessanten gilt.

Weil das Interessante nur dadurch entsteht, daß unser Antheil an der poetischen Darstellung gleich dem an einem Wirklichen wird; so ist es offenbar dadurch bedingt, daß die Darstellung für den Augenblick täuscht; und dieses kann sie nur durch ihre Wahrheit. Wahrheit aber gehört zur Kunstvollendung. Das Bild, die Dichtung soll wahr seyn, wie die Natur selbst; zugleich aber auch durch Hervorhebung des Wesentlichen und Karakteristischen, durch Zusammenbrängung aller wesentlichen Aeusserungen des Darzustellenden und durch Aussonderung alles Unwesentlichen und Zufälligen die Idee desselben rein hervortreten lassen und dadurch zur idealen Wahrheit werden, die sich über die Natur erhebt.

Mittelst der Wahrheit also hängt das Interessante zusammen mit dem Schönen, indem die Wahrheit die Täuschung herbeiführt. Aber das Ideale der Wahrheit könnte schon der Täuschung Eintrag thun, indem solches einen durchgängigen Unterschied zwischen Dichtung und Wirklichkeit herbeiführt. Weil aber auch das Wirkliche mit dem Idealen möglicherweise zusammentreffen kann, so hebt dieser Unterschied nicht geradezu nothwendig alle Täuschung auf. Bei den bildenden Künsten liegt im Umfang der Mittel der Kunst eine Gränze, welche die Täuschung ausschließt: nämlich die Skulptur giebt bloße Form ohne Farbe, ohne Augen und ohne Bewegung; die Malerei bloße Ansicht von einem Punkte aus, eingeschlossen durch scharfe Gränzen, die das Bild von der ringsum hart anliegenden Wirklichkeit trennen: daher hier die Täuschung und dadurch der Antheil gleich dem an einem Wirklichen oder das Interessante ausgeschlossen, hiedurch wieder der Wille sofort aus dem Spiele gesetzt und das Objekt allein der reinen antheilslosen Betrachtung überliefert wird. Nun ist es höchst merkwürdig, daß eine Afterart der bildenden Künste diese Gränzen überspringt, die Täuschung des Wirklichen und damit das Interessante herbeiführt, sofort aber die Wirkung der ächten Künste verwirkt und nicht mehr als Mittel zur Darstellung des Schönen, d. h. zur Mittheilung der Erkenntniß der Ideen brauchbar ist. Es ist die Kunst der Wachsfiguren. Und hiemit möchte wohl die Gränze bezeichnet seyn, welche sie ausschließt vom Gebiet der schönen Künste. Sie täuscht, wenn meisterhaft ausgeführt, vollkommen, eben dadurch aber stehn wir ihrem Werke gleich einem wirklichen Menschen gegenüber, der als solcher schon vorläufig ein Objekt für den Willen, d. h. interessant ist, also den Willen erweckt und dadurch das reine Erkennen aufhebt: wir treten vor die Wachsfigur mit der Scheu und Behutsamkeit, wie vor einen wirklichen Menschen, unser Wille ist aufgeregt und erwartet, ob er lieben oder hassen, fliehen oder angreifen soll; erwartet eine Handlung. Weil die Figur dann aber doch leblos ist, so bringt sie den Eindruck einer Leiche hervor und macht so einen mißfälligen Eindruck. Hier ist das Interessante vollkommen erreicht, und doch gar kein Kunstwerk geliefert: also ist das Interessante an sich gar nicht Kunstzweck. — Dies geht auch daraus hervor, daß selbst in der Poesie bloß die dramatische und die erzählende Gattung des Interessanten fähig sind: wäre es neben dem Schönen Zweck der Kunst; so stände die lyrische Poesie schon an sich dadurch um die Hälfte tiefer, als jene beiden andern Gattungen.

Jetzt zur zweiten Frage. Nämlich: Wäre das Interessante ein Mittel zur Erreichung des Schönen; so müßte jede interessante Dichtung auch schön seyn. Das ist aber keineswegs. Oft fesselt uns ein Drama oder Roman durch das Interessante und ist dabei so leer an allem Schönen, daß wir uns hinterher schämen, dabei geweilt zu haben. Dies ist der Fall bei manchem Drama, welches durchaus kein reines Bild vom Wesen der Menschheit und des Lebens giebt, Karaktere zeigt, die ganz flach geschildert oder gar verzeichnet und eigentlich Monstrositäten sind, dem Wesen der Natur entgegen: aber der Lauf der Begebenheiten, die Verflechtungen der Handlung sind so intrikat, der Held ist unserm Herzen durch seine Lage so empfohlen, daß wir uns nicht zufrieden geben können, bis wir das Gewirre entwickelt und den Helden in Sicherheit wissen; der Gang der Handlung ist dabei so klüglich beherrscht und gelenkt, daß wir stets auf die weitere Entwicklung gespannt werden und sie doch keineswegs errathen können, so daß zwischen Anspannung und Ueberraschung unser Antheil stets lebhaft bleibt und wir, sehr kurzweilig unterhalten, den Lauf der Zeit nicht spüren. Dieser Art sind die meisten Stücke von Kotzebue. Für den großen Haufen ist Dies das Rechte: denn er sucht Unterhaltung, Zeitvertreib, nicht Erkenntniß, und das Schöne ist Sache der Erkenntniß, daher die Empfänglichkeit dafür so verschieden ist, wie die intellektuellen Fähigkeiten. Für die innere Wahrheit des Dargestellten, ob es dem Wesen der Menschheit entspricht oder ihm entgegen ist, hat der große Haufe keinen Sinn. Das Flache ist ihm zugänglich: die Tiefen des menschlichen Wesens schließt man vergeblich vor ihm auf.

Auch ist zu bemerken, daß Darstellungen, deren Werth im Interessanten liegt, bei der Wiederholung verlieren, weil sie dann die Begierde auf den weitern Erfolg, der nun schon bekannt ist, nicht mehr erregen können. Die öftere Wiederholung machte sie dem Zuschauer schaal und langweilig. Dagegen gewinnen Werke, deren Werth im Schönen liegt, durch die öftere Wiederholung, weil sie mehr und mehr verstanden werden.

Jenen dramatischen Darstellungen parallel gehen die meisten erzählenden, die Geschöpfe der Phantasie jener Männer, welche zu Venedig und Neapel den Hut auf die Strasse legen und dastehn, bis ein Auditorium sich gesammelt hat, dann eine Erzählung anspinnen, deren Interessantes die Zuhörer so fesselt, daß, wenn die Katastrophe herannaht, der Erzähler den Hut nimmt und bei den festgebannten Theilnehmern seinen Lohn einsammeln kann, ohne zu fürchten, daß sie jetzt davonschleichen: dieselben Männer treiben in Deutschland ihr Gewerbe weniger unmittelbar, sondern durch die Vermittelung der Verleger, Leipziger Messen und Bücherverleiher, wofür sie denn auch nicht in so zerlumpten Röcken umhergehen, als ihre Kollegen in Welschland, und die Kinder ihrer Phantasie unter dem Titel von Romanen, Novellen, Erzählungen, romantischen Dichtungen, Mährchen u. s. w. dem Publiko darbieten, welches hinter dem Ofen und im Schlafrock mit mehr Bequemlichkeit, aber auch mit mehr Geduld, sich zum Genuß des Interessanten anschicken mag. Wie sehr dergleichen Produktionen meistens von allem ästhetischen Werth entblößt sind, ist bekannt, und doch ist vielen die Eigenschaft des Inter=

essanten durchaus nicht abzusprechen: wie könnten sie auch sonst so viele Theilnahme finden?

Wir sehn also, daß das Interessante nicht nothwendig das Schöne herbeiführt, — welches die zweite Frage war. Aber auch umgekehrt führt das Schöne nicht nothwendig das Interessante herbei. Bedeutende Karaktere können dargestellt, die Tiefen der menschlichen Natur an ihnen aufgeschlossen seyn und das Alles an außerordentlichen Handlungen und Leiden sichtbar gemacht seyn, so daß das Wesen der Welt und des Menschen in den kräftigsten und deutlichsten Zügen uns aus dem Bilde entgegentritt, ohne daß durch das beständige Fortschreiten der Handlung, durch die Verwickelung und unerwartete Lösung der Umstände eigentlich unser Interesse am Lauf der Begebenheiten in hohem Grade erregt sei. Die unsterblichen Meisterwerke Shakspear's haben wenig Interessantes, die Handlung schreitet nicht in grader Linie vorwärts, sie zögert, wie im ganzen Hamlet, sie dehnt sich seitwärts in die Breite aus, wie im Kaufmann von Venedig, während die Länge die Dimension des Interessanten ist, die Scenen hängen nur locker zusammen, wie im Heinrich IV. Daher wirken Shakspear's Dramen nicht merklich auf den grossen Haufen.

Die Forderungen des Aristoteles und ganz besonders die der Einheit der Handlung, sind auf das Interessante abgesehn, nicht auf das Schöne. Ueberhaupt sind diese Forderungen dem Satze vom Grunde gemäß abgefaßt; wir aber wissen, daß die Idee und folglich das Schöne eben nur für diejenige Erkenntniß da ist, welche sich von der Herrschaft des Satzes vom Grunde losgerissen hat. Auch dieses eben scheidet das Interessante vom Schönen, da Jenes offenbar der Betrachtungsweise angehört, die dem Satz vom Grunde folgt, das Schöne hingegen dem Inhalt dieses Satzes stets fremd ist. — Die beste und treffendeste Widerlegung der Einheiten des Aristoteles ist die von Manzoni in der Vorrede zu seinen Trauerspielen.

Was von Shakespear's, Dasselbe gilt auch von Goethe's dramatischen Werken: selbst Egmont wirkt nicht auf die Menge, weil fast keine Verwickelung und Entwickelung da ist: nun gar der Tasso und die Iphigenia! — Daß die Griechischen Tragiker nicht die Absicht hatten, durch das Interessante auf die Zuschauer zu wirken, ist offenbar daraus, daß sie zum Stoff ihrer Meisterwerke fast immer allgemein bekannte und schon öfter dramatisch behandelte Begebenheiten nahmen: hieraus sehn wir auch, wie empfänglich das griechische Volk für das Schöne war, da es zur Würze des Genusses derselben nicht des Interesses unerwarteter Begebenheiten und einer neuen Geschichte bedurfte.

Auch die erzählenden Meisterwerke haben selten die Eigenschaft des Interessanten: Vater Homer legt uns das ganze Wesen der Welt und des Menschen offen, aber er ist nicht bemüht, unsere Theilnahme durch die Verflechtung der Begebenheiten zu reizen, noch durch unerwartete Verwickelungen uns zu überraschen: sein Schritt ist zögernd, er weilt bei jeder Scene und legt uns mit Gelassenheit ein Bild nach dem andern vor, es sorgsam ausmalend: indem wir ihn lesen, regt sich in uns keine leidenschaftliche Theilnahme, wir verhalten uns rein erkennend, unsern Willen regt er nicht auf, sondern singt ihn zur Ruhe: es kostet uns keine Ueberwindung, die Lektüre abzubrechen, denn wir sind nicht im Zustande der Anspannung. Dasselbe gilt noch mehr vom Dante, der sogar eigentlich kein Epos, sondern nur ein beschreibendes Gedicht geliefert hat. Dasselbe sehn wir sogar an den vier unsterblichen Romanen, am Don Quixote, am Tristram Shandy, an der neuen Heloise und am Wilhelm Meister. Unser Interesse zu erregen ist keineswegs der Hauptzweck: im Tristram Shandy ist sogar am Ende des Buchs der Held erst acht Jahre alt.

Andererseits dürfen wir nicht behaupten, daß das Interessante nie in Meisterwerken anzutreffen sei. Wir finden es in Schiller's Dramen schon in merklichem Grade, daher sie auch die Menge ansprechen: der König Oedipus des Sophokles hat es auch: unter den erzählenden Meisterwerken hat es der Roland des Ariosto: ja, als ein Beispiel des Interessanten im höchsten Grade, wo es mit dem Schönen zusammengeht, haben wir einen vortrefflichen Roman von Walter Scott, The tales of my Landlord, 2ᵈ series. Es ist das interessanteste Dichterwerk, das ich kenne, und an ihm kann man am Deutlichsten alle vorhin im Allgemeinen angegebenen Wirkungen des Interessanten wahrnehmen; zugleich aber ist dieser Roman durchweg sehr schön, zeigt uns die mannichfaltigsten Bilder des Lebens, mit frappanter Wahrheit gezeichnet, und stellt höchst verschiedene Karaktere mit großer Richtigkeit und Treue auf.

Vereinbar mit dem Schönen ist also das Interessante allerdings: — und Dies war die dritte Frage: jedoch möchte wohl der schwächere Grad der Beimischung des Interessanten dem Schönen am Dienlichsten befunden werden, und das Schöne ist ja und bleibt der Zweck der Kunst. Das Schöne steht dem Interessanten in doppelter Hinsicht entgegen, erstlich sofern das Schöne in der Erkenntniß der Idee liegt, welche Erkenntniß ihr Objekt ganz heraushebt aus den Formen, die der Satz vom Grund ausspricht; hingegen liegt das Interessante hauptsächlich in den Begebenheiten, und die Verflechtungen dieser entstehn eben am Leitfaden des Satzes vom Grunde. Zweitens wirkt das Interessante durch Aufregung unsers Willens; hingegen das Schöne ist bloß da für die reine und willenlose Erkenntniß. Dennoch ist bei dramatischen und erzählenden Werken eine Beimischung des Interessanten nothwendig (wie flüchtige, bloß gasartige Substanzen einer materiellen Basis bedürfen, um aufbewahrt und mitgetheilt zu werden): theils weil es schon von selbst aus den Begebenheiten hervorgeht, welche erfunden werden müssen, um die Karaktere in Aktion zu setzen; theils weil das Gemüth ermüden würde, mit ganz antheilslosem Erkennen von Scene zu Scene, von einem bedeutsamen

Bilde zu einem neuen überzugehen, wenn es nicht durch einen verborgenen Faden dahin gezogen würde: dieser eben ist das Interessante: es ist der Antheil, den uns die Begebenheit als solche abnöthigt, und welcher als Bindemittel der Aufmerksamkeit das Gemüth lenksam macht, dem Dichter zu allen Theilen seiner Darstellung zu folgen. Wenn das Interessante eben hinreicht, Dieses zu leisten, so ist ihm vollkommen Genüge geschehn: denn es soll zur Verbindung der Bilder, durch welche der Dichter uns die Idee zur Erkenntniß bringen will, nur so dienen, wie eine Schnur, auf welche Perlen gereiht sind, sie zusammenhält und zum Ganzen einer Perlenschnur macht. Aber das Interessante wird dem Schönen nachtheilig, sobald es dieses Maaß überschreitet: dies ist der Fall, wenn es uns zu so lebhaftem Antheil hinreißt, daß wir bei jeder ausführlichen Schilderung, die der erzählende Dichter von einzelnen Gegenständen macht, oder bei jeder längern Betrachtung, die der dramatische Dichter seine Personen anstellen läßt, ungeduldig werden, den Dichter anspornen möchten, um nur rascher die Entwickelung der Begebenheiten zu verfolgen. Denn in epischen und dramatischen Werken, wo das Schöne und das Interessante gleich sehr vorhanden sind, ist das Interessante der Feder in der Uhr zu vergleichen, welche das Ganze in Bewegung setzt, aber, wenn sie ungehindert wirkte, das ganze Werk in wenig Minuten abrollen würde: hingegen das Schöne, indem es uns bei der ausführlichen Betrachtung und Schilderung jedes Gegenstandes festhält, ist hier was in der Uhr die Trommel, welche die Entwickelung der Feder hemmt.

Das Interessante ist der Leib des Gedichts, das Schöne die Seele.

In epischen und dramatischen Dichtungen ist das Interessante, als nothwendige Eigenschaft der Handlung, die Materie, das Schöne die Form: diese bedarf jener, um sichtbar zu werden.

Ueber
die, seit einigen Jahren, methodisch betriebene Verhunzung der Deutschen Sprache.

Eine fixe Idee hat sich aller deutschen Schriftsteller und Schreiber jeder Art, vielleicht mit wenigen, mir nicht bekannten Ausnahmen, bemächtigt: sie wollen die deutsche Sprache zusammenziehn, sie abkürzen, sie kompakter, konciser machen. Zu diesem Ende ist ihr oberster Grundsatz, überall das kürzere Wort dem gehörigen oder passenden vorzuziehen. Er wird bald auf Kosten der Grammatik, bald auf Kosten des Sinnes, dann also lexikalisch, endlich und wenigstens auf Kosten des Wohlklangs durchgesetzt, und zwar so, daß sie sich Gewaltthätigkeiten jeder Art gegen die Sprache erlauben: sie muß biegen oder brechen.

I. Die Erste ist das Ausmerzen aller doppelten Vokale und tonverlängernden h, und das sehr ergiebige Wegknappen der Präfixa und Affixa der Worte, und überhaupt aller Silben, deren Werth und Bedeutung der Schreiber unter seiner 2 Zoll dicken Hirnschaale weder versteht, noch fühlt. Z. B. er schreibt „erstreben" statt anstreben, macht aus Beiden Ein Wort, und die Sprache um Eines ärmer; während der Unterschied beider Begriffe kolossal ist: man strebt an, was man haben möchte: man erstrebt, was man erlangt: „Spitzfindigkeiten" sagt er „ist Alles Eins! ich zähle die Buchstaben und damit gut: hier wird im participio passivo ein Buchstabe lukrirt: also!"

II. Die Zweite (der Dignität und Wirksamkeit nach) ist die Verbannung des Plusquamperfekti und Perfekti aus der

Sprache, an deren Stelle überall das Imperfekt funktioniren muß: mag Sinn oder Unsinn dabei herauskommen! es ist kürzer.

III. Die Dritte ist die Konstruktion regelwidriger, geschrobner, verdrehter, holpriger, geschmackloser und halb sinnloser Perioden, die man 3 Mal lesen muß, um zu errathen, was damit gesagt seyn soll; wonach man dann zugleich inne wird, daß der Zweck des ganzen Gallimathias war, ein oder das andre Wörtchen, welches der Sinn und die Sprache erforderten, zu eliminiren und so zu lukriren; — bei welcher Entdeckung man aber riskirt, daß Einem die Phantasie plötzlich den dummen Triumph auf dem dummen Gesicht des Schreibers, (ob dieses Gelingens) vorhält: ein provokanter Anblick.

Wir wollen diese Kunstmittel jetzt einzeln in Betrachtung nehmen.*)

§. 1.
Vorbemerkungen. Orthographie.

> So soll die orthographische Nacht
> Doch endlich auch ihren Tag erfahren:
> Der Freund, der so viel Worte macht,
> Er will es an den Buchstaben sparen.
>   Goethe: Dem Buchstabensparer.
>   (Nachlaß Vol. XVI, S. 90.)

Der Sprachverhunzer, gegen die ich hier zu kämpfen habe, ist freilich eine Legion: denn es sind alle die, welche, unter Vermittelung der Buchhändler, dem Publiko, Jahr aus Jahr ein, Zeit und Geld rauben: also sämmtliche allmessentliche Bücherfabrikanten und jene zahllosen Schreiber der täglich, wöchentlich, monatlich und vierteljährlich auf-

---

*) Ich habe mich aller Kraftausdrücke zur würdigen Qualifikation unsrer Sprachverbesserer enthalten; besonders die Zoologie nicht in Kontribution gesetzt: bitte daher den beistimmenden Leser diese Lücke auszufüllen.

tretenden chronischen Uebel, Menschen, welche mit ihrem
Pfunde wuchern, d. h. den äußerst geringen Vorrath ihrer
Kenntnisse und sehr engen Kreis ihrer Gedanken, 30—40
Jahre hindurch, dem Publiko unter andrer Zurichtung täg=
lich auftischen. Findet irgend ein redlicher Schriftsteller, der
bloß weil er etwas mitzutheilen hatte, schrieb, sich mitge=
troffen; so kommt es daher, daß er von jener Menge des
Schreibgesindels sich hat imponiren und übertölpeln lassen
und nun eben auch im Lohnsublerjargon schreibt. —

In den Times ist über die Zulässigkeit des Wortes
Telegramm durch 6 Blätter, in ausführlichen Darlegungen
pro et contra disputirt worden. In Deutschland macht
man kürzern Proceß: falls einem Narren irgend eine neue
orthographische Ungeheuerlichkeit einfällt, die einen Buchstaben
erspart, so schreibt er sie sofort hin, und hundert andren
Narren gilt sie als klassische Autorität: sie schreiben sie nach.
Vor keinem Unsinn bebt der Deutsche zurück, wenn es gilt,
einen Buchstaben zu ersparen. —

Buchstabenersparniß ist Alles, was diese Tröpfe im
Kopfe haben: diesem hohen Zweck sollen Logik, Grammatik,
Wohlklang, Deutlichkeit und Bestimmtheit des Ausdrucks
und Schönheit des Stiles geopfert werden. Dabei ist die
Allgemeinheit dieser Bestrebungen wahrhaft niederschlagend,
indem sie einen seltenen Unverstand beweisen, der sich über
die ganze schreibende Welt in Deutschland erstreckt, vielleicht
mit drei bis vier Ausnahmen, welche ich herzlich um Ver=
zeihung bitte, daß ich sie nicht kenne. —

Die gerügte Sprachschändung, zu der keine andre Nation
ein Analogon aufzuweisen hat, scheint in den meisten Fällen
von den politischen Zeitungen, diesem niedrigsten Zweige
der Litteratur auszugehn, und von da in die litterarischen
Journale und zuletzt in die Bücher zu kommen. Widerstand
findet sie, so weit ich habe sehn können, nirgends, sondern
Jeder, in schamfischem Nachahmungstrieb und urtheilsloser
Bewunderung des Absurden, beeifert sich, ein Mitarbeiter

derselben zu seyn. Kaum bin ich über eine neue grammatische und orthographische Eselei erschrocken, so sehe ich auch schon andere Schreiber sie eifrig adoptiren und nachschreiben: denn jeder dieser Esel ist dem andern eine Autorität. —

Die politischen Zeitungen sind besonders thätig in der Sprachdilapidation; diese letzte Klasse aller Druckschreiber, welche für den Tag, auf den Tag, in den Tag hinein schreibt. Ich habe sie schon, in dieser Hinsicht, der polizeilichen Aufsicht empfohlen. —

Der Verbesserung der Deutschen Sprache scheinen vor Allen die Zeitungsschreiber beflissen; mit welcher Befähigung erhellt daraus, daß ich in einer solchen, sonst sehr reputirlichen Zeitung, und zwar mehrmals, gefunden habe „der Synod, des Synods" — weil es ja doch synodus heißt. — Wird man dabei nicht unwillkürlich an wirkliche, im aktiven Dienst stehende Stiefelwichser erinnert? Dies also sind die Leute, welche die deutsche Sprache in die Kur genommen haben. —

Jeder Lumpenhund ist Herr über die Sprache, z. B. jeder der Schreibstube oder dem Ladentisch entlaufene und in den Dienst eines Zeitungsschreibers übergegangene Bursche. Am tollsten treiben es die Zeitungen, zumal die süddeutschen, so daß man bisweilen zu glauben anfängt, sie persifflirten und parodirten die grassirende Sprachverbesserung. Allein sie meynen's ehrlich. —

Mit welchem Fug und Recht maaßen sich die Zeitungsschreiber und Journalisten einer litterarisch heruntergekommenen Periode an, die Sprache zu reformiren? Sie thun es aber nach dem Maaßstabe ihrer Unwissenheit, Urtheilslosigkeit und Gemeinheit. Aber Gelehrte und Professoren, die ihre Verbesserungen annehmen, stellen sich damit ein Diplom der Unwissenheit und Gemeinheit aus. —

Wenigstens soll man den schändlichen Jargon, in welchem meistens die deutschen Zeitungen geschrieben sind, öffentlich stigmatisiren als „Zeitungsdeutsch", mit Verwarnung der Jugend, daß sie nicht Grammatik und Orthographie aus diesen Publikationen erlerne, vielmehr daraus ersehe, wie man nicht schreiben soll.

Die Sprache ist der einzige entschiedene Vorzug, den die Deutschen vor andern Nationen haben. Denn sie ist viel höherer Art, als die übrigen Europäischen Sprachen, welche, mit ihr verglichen, bloße patois sind. Sie ist (wie ihre Schwestern, die Schwedische und Dänische) eine Tochter der Gothischen Sprache, die unmittelbar vom Sanskrit stammt. Daher ihre der Griechischen und Lateinischen nahe kommende Grammatik.*) Und eine solche Sprache sollten wir der Willkür und Laune und dem stupiden Unverstande höchst unwissender Sudler, Zeitungsschreiber, Buchhändlerlöhnlinge und geldbedürftiger Bücherfabrikanten jeder Art Preis geben? Ubi est judicium? Seid ihr von Sinnen? Dem besagten saubern Pack schreibt, ja sprecht ihr nach! —

Die ganze gegenwärtige Schriftstellergeneration, welche nicht ein einziges bleibendes Werk hinterlassen wird, soll nicht das Andenken ihres ephemeren und ruhmlosen Daseyns dadurch perpetuiren, daß sie die kostbare deutsche Sprache, diesen wahren Nationalschatz, nach ihrem verstand-, geschmack- und ohrlosen Kaprice verhunzt und sie so zugerichtet, und mit den Spuren ihrer Tatzen versehen, den kommenden, vielleicht edleren Geschlechtern überliefert. —

Der Zeitungsschreiber und der gemeine Brod-Skribent soll schlechterdings keine andere Sprache schreiben, als die von den klassischen Schriftstellern seiner Nation befolgte. —

Die ganze allgemeine und höchst schändliche deutsche Sprachverhunzung zeugt von bornirtestem Unverstand: ihre Haupthandhaber sind die Löhnlinge der Buchhändler und

---

*) Die deutsche Sprache ist, unter den jetzigen Europäischen, die einzige, welche durch den künstlicheren und organischen Bau ihres grammatischen Theils und die daran hängende Möglichkeit einer freiern Konstruktion der Perioden, den beiden antiken klassischen Sprachen beinahe gleichsteht.

die Zeitungsschreiber: ihren letzten Grund aber hat sie in der mehr und mehr einreißenden Unkenntniß der alten Sprachen. Durch diese nämlich lernt man es mit dem Werth und der Geltung jedes Wortes scharf und genau nehmen; zumal leistet dies das Lateinschreiben. Unsere Sprachverbesserer sind gewiß, (mit höchst wenigen Ausnahmen) unfähig, ohne Hülfsmittel einen fehlerfreien lateinischen Brief zu schreiben.*) Aus der selben Quelle kommt die Infamie, daß Griechische, ja Lateinische Autoren mit deutschen Erklärungen herausgegeben werden: was auch vorgeschützt werden mag, der wahre Grund ist, daß der Herausgeber nicht Latein schreiben kann, und die Schüler nicht fertig und leicht Latein lesen können, sondern wie Schusterjungen es in der Muttersprache haben wollen. Auf Schulen sollte sogar der Besitz solcher Editionen verboten seyn. Das Jahr 1848 mit seinem saubern Treiben hat einen Saamen von Unwissenheit unter den Gelehrten ausgestreut, nachdem die Hegelei den Boden dazu gepflügt hatte, und jetzt steht die Saat in Blüthe. Man merkt es an allen Ecken und Enden: das Cigarrenrauchen, politisiren und Eisenbahnfahren ist an die Stelle ernster Studien getreten und die gelbgerauchten, langbärtigen Brillengesichter mit leeren Köpfen wagen es über die Zopfzeit zu spotten, in der die größten Geister gewirkt haben und gründliche Kenntniß der alten Sprachen allgemein war.

Der hohe Werth des Studiums der alten Sprachen beruht zum Theil darauf, daß wir lernen vor Grammatik und Lexikon Respekt haben: wäre es mit Ersterem

---

*) [Variante:] Dies (die Sprachverhunzung) sind die ersten Früchte der Vernachlässigung der alten Sprachen: es werden noch mehrere und ärgere folgen. Ich wette, daß von unsern geistreichen Sprachverbesserern kaum Einer unter Zehn im Stande ist, ohne Beihülfe, einen korrekten lateinischen Brief zu schreiben. Wenn ein neues Geschlecht heranwächst, welches sich das infame Kauderwelsch der unfähigen Jetztzeit zur Norm nimmt, so ist es um die deutsche Sprache geschehn.

bei den meisten unserer Sprachverbesserer nicht so elend bestellt; so würden sie nicht so freche Eingriffe in die Regeln und Wörter der Deutschen Sprache thun. —

Ohne eine Ahndung davon, daß das Treffende, Bezeichnende, Genaue des Ausdrucks es ist, worauf es ankommt, sind sie bloß bemüht, Silben und Buchstaben abzuzählen, bereit, sich in allen Fällen mit dem à peu près zu contentiren und dem Leser Einiges zu errathen übrig zu lassen, wenn es nur ein Paar Buchstaben weniger giebt. Dahin geht all ihr Denken und Trachten, und jeder Sudler legt, ohne Umstände, seine Tatzen an, die deutsche Sprache zu verbessern. —

Was würde aus der Lateinischen, was aus der Griechischen Sprache geworden seyn, wenn Griechen und Römer sich einer solchen niederträchtigen Buchstabenzählerei ergeben hätten?

So gar ist jeder englische, französische, italiänische, spanische Schriftsteller bemüht, elegant, jedenfalls aber korrekt zu schreiben: bloß der deutsche nicht; sogar scheint er bemüht, möglichst nachlässig, gemein und unverständlich seine Sache hinzuschmieren. Sein einziger leitender stilistischer Grundsatz dabei ist die niederträchtige Buchstabenzählerei. Dies gilt von fast allen: die Ausnahmen sind selten.

Schon deshalb, andrer Gründe zu geschweigen, lese ich lieber in jeder anderen Sprache, als Deutsch: ja, ich fühle eine wahre Erleichterung, wenn ich so ein deutsches Buch nothgedrungen abgethan habe, mich wieder zu den anderen, neuen, wie alten Sprachen wenden zu können: denn bei diesen habe ich doch eine regelrecht fixirte Sprache mit durchweg festgestellter und treulich beobachteter Grammatik und Orthographie vor mir und bin ganz dem Gedanken hingegeben; während im Deutschen ich jeden Augenblick gestört werde durch die Naseweisheit des Schreibers, der seine grammatischen und orthographischen Grillen und knolligen Einfälle durchsetzen will; wobei die sich frech spreizende Narrheit mich anwidert. Es ist wahrlich eine rechte Pein, eine schöne, alte, klassische Schriften besitzende Sprache von Ignoranten und Eseln mißhandeln zu sehn.

Die deutsche Sprache wird jetzt von dem **Federvieh** (wie kürzlich ein Litterat seine Kollegen nannte) methodisch zu Grunde gerichtet.

Und nirgends (in Deutschland) ist ein wenig Besinnung, ein wenig Urtheil, ein wenig Geschmack, dem Unwesen entgegenzutreten; sondern alle die Stribler, einmüthig und Eines Sinnes, stürmen auf die Sprache los, sie zu verhunzen. Keiner, der eine Spur von **Selbstständigkeit** zeigte, indem er sich dem Unwesen widersetzte: sondern sobald irgend ein Buchhändlerlöhnling einen neuen Sprachschnitzer in die Welt gesetzt hat, wird dieser zum allgemeinen und stehenden Sprachgebrauch.

Ein impotentes Zeitalter, welches nicht Einen Schriftsteller aufzuweisen hat, dessen Werke sich irgend eine Dauer über dasselbe hinaus versprechen könnten, will die Sprache der klassischen Zeit reformiren, und zwar dadurch, daß es das Imperfekt alle andern Präterita vertreten läßt und alle den Sinn modulirende Präfixe und Affixe wegschneidet; bei welchem Verfahren die Sprache zuletzt auf ihre Wurzelworte zurückgeführt würde. —

Schreibt ihr Plattheiten und Unsinn in die Welt, so viel es euch beliebt: das schadet nicht: denn es wird mit euch zu Grabe getragen; ja, schon vorher. Aber die Sprache laßt ungeschubst und unbeschubst: denn die bleibt.*) —

Der schmutzigste Buchstabengeiz beherrscht sie. Ihr leitender Grundsatz ist: „nicht das **richtige** Wort; sondern das

---

*) [Variante:] Unkritische Nachäfferei fremder Schnitzer ist ein Gipfel der Gemeinheit.

Schreibt schlechtes und unnützes Zeug so viel Ihr wollt: es wird mit euch zu Grabe getragen und schadet weiter nicht: aber die Sprache laßt unangetastet: sie ist das Eigenthum der Nation und das Werkzeug, dessen künftige wirklich denkende Geister sich zu bedienen haben: daher ihr es ihnen nicht verderben sollt.

kürzere, wenn es nur so à peu près die Sache bezeichnet: dem Leser bleibt überlassen, unsere Meinung zu errathen." Z. B. „dem Bramanenthum erborgt" — (Köppen, Buddh.) statt entweder: „abgeborgt", oder von dem Bramanenthum erborgt. — „Na, Sie wissen ja wohl, was ich meyne", denkt so ein Skribler. Ihnen liegt nichts im Sinn und am Herzen, als nur irgendwie ein Paar Buchstaben wegzuknapsen: darüber mag Grammatik, Sinn, Verstand, Logik, Geschmack, Euphonie und Alles zum Teufel gehn, — wenn sie nur ein Paar Buchstaben eskrokiren: — und diese Monomanie ist so allgemein, daß sobald irgend ein Winkel=Sudler eine neue noble Oekonomie dieser Art zu Tage gebracht hat, Alle sich beeifern, sie ihm nachzuschreiben; — Jeder ist dem Andern ein Cicero; — wobei freilich das Niederschlagendste der Anblick des totalen Mangels an aller Opposition ist. Keiner, der eine Neuerung prüfte und seinem eigenen Urtheile folgte. Sondern, ohne Verstand, Geschmack und Selbstvertrauen nehmen sie jeden neuen Schnitzer, den irgend ein Sudler ihnen oktroyirt, als Sprachverbesserung zum Muster, und jeden lumpigsten Lump zum Vorbilde, sobald er eine neue Beutelschneiderei an der deutschen Orthographie begangen hat. In allen Dingen und Verhältnissen ist das charakteristische Kennzeichen der gemeinen Natur, ja das Stämpel der Gemeinheit, daß man sich leiten läßt von Andrer Beispiel und aus Nachahmung handelt: der große Haufe wird in allem seinem Thun und Lassen fast ausschließlich durch dies Motiv bestimmt. Hingegen jeder auch nur ein klein wenig überlegene Geist macht sich zunächst dadurch kenntlich, daß er selbst urtheilt, kritisirt und nach eigner Ueberlegung verfährt. Davon ist aber, hinsichtlich der Sprache, der Rechtschreibung und des Stils, in der Deutschen Gelehrtenrepublik keine Spur, sondern jeder bewundert den neuen Schnitzer des Andern und adoptirt ihn: so wird denn ohne allen, auch nur passiven Widerstand, die Sprache gemißhandelt und zerfleischt. —

Die verdammte*) Einhelligkeit in der Aufnahme jedes neuen Sprachschnitzers entspringt aus dem Triebe der Nachahmung, welcher dem großen Haufen, also auch unsern Sprachverbesserern, Leitstern alles ihres Thuns und Treibens und leider auch Schreibens ist: was irgend Einer geschrieben hat, und sei es ein grober Schnitzer, schreiben sie auf seine Autorität nach: so verbreitet sich die Pest der Sprachverhunzung. Zum Verzweifeln ist, daß nicht Einer eine Spur von eigenem Urtheil zeigt, durch Verwerfung und Verhöhnung eines auftauchenden Schnitzers. Nein, Jeder adoptirt ihn so freudig, wie die Grasmücke den jungen Kukuk, und diese Sprachverbesserer sind einander Gegenstände der Bewunderung und Nachahmung.

Kaum hat ein Ignorant „aus Anlaß" und ein andrer „beruht in" geschrieben: so starrt alsbald beides uns aus allen Büchern und Journälen triumphirend entgegen: denn es hat eine Autorität für sich: Schnitzerus dixit!**) —

Keiner, und sollte er auch nur 4 Zeilen als Zeitungsannonce in die Welt schreiben, der nicht bemüht wäre, zur Dilapidation der Sprache sein Schärflein, durch Abknappen der seiner Unwissenheit unnütz dünkenden Silben, beizutragen. —

Es ist unmöglich, gut zu schreiben, wenn man immerfort darauf bedacht ist, Partikeln und Silben zu unterschlagen; wie man mit einer Fessel am Bein nicht tanzen kann. —

Unseren Sprachverbesserern fehlt es an Kenntnissen, an Verstand, an Geschmack und Schönheitssinn. Warum hat Winkelmann vor mehr als 100 Jahren, als seine Zeitgenossen noch ein steifes ungeschicktes Perückendeutsch schrieben, so unbegreiflich schön und graziös geschrieben? Weil er in hohem Grade Geschmack und Schönheitssinn besaß; — Eigen-

---

*) [Variante:] schauderhafte.
**) Wenn sie einen Schnitzer 3 Mal gedruckt gesehn haben, ist er ihnen klassisches Teutsch.

schaften, von denen in unsern Sprachverbesserern keine Spur zu finden ist. —

Die deutsche Sprache ist jetzt völlig vogelfrei für jeden Skribler, der im Dienst eines Buchhändlers, oder Zeitungsschreibers, das Papier befleckt: wenn Dies so fortgeht; so wird, über 100 Jahre, die deutsche Sprache, die Sprache, in der unsere Klassiker geschrieben haben, eine todte seyn, und statt ihrer in Deutschland ein wortarmer und grammatisch ungelenker Jargon, das Werk obiger Reformatoren, geredet werden.*) — Auf solchem Wege sind ja alle die alten, herrlichen Ursprachen zu Grunde gegangen: Pack, Pack, Pack, Halbvieh ist gekommen, ihnen den seinen thierischen Mäulern angemessenen Jargon zu substituiren. So wird es auch hier gehn. —

Empörend ist es, die Deutsche Sprache zersetzt, zerzaust und zerfleischt zu sehen, und oben drauf den triumphirenden Unverstand, der selbstgefällig sein Werk belächelt; — während man bedenken sollte, daß die Sprache ein von den Vorfahren überkommenes und den Nachkommen zu hinterlassendes Erbstück ist, welches man daher in Ehren halten und nicht muthwillig antasten soll. —

Wer ist denn dieses Zeitalter, daß es an der Sprache meistern und ändern dürfte? — was hat es hervorgebracht, solche Anmaaßung zu begründen? Grosse Philosophen, — wie Hegel; und grosse Dichter, wie Herrn Uhland, dessen schlechte Balladen zur Schande des deutschen Geschmacks 30 Auflagen erlebt haben und 100 Leser haben gegen Einen, der Bürgers unsterbliche Balladen wirklich kennt. Danach messe man mir die Nation und das Jahrhundert, danach.

---

*) [Variante:] Fahrt so fort, und da werdet ihr sehn, was nach 20 Jahren aus der Deutschen Sprache, unter den Händen der Buchstabenzähler geworden ist: ein bettelarmer, ungelenker Jargon.

Die Maaße und die Masse sind in der Aussprache, wie in der Bedeutung verschieden: warum sollen sie es nicht, wie bisher, auch in der Orthographie seyn? — Um einen Buchstaben zu lukriren. —

Schreibt ihr Spaß, so müßt ihr es aussprechen, wie naß, Baß, daß, laß', Faß, Haß, Gaß. —

„Kabinete" und „Briten" mit Einem t zu schreiben ist wie wenn man Rolle mit Einem l schreiben wollte. —

Fragmente zur Deutschen Litteratur — enthält in der Abtheilung I, p. 92 eine Anmerkung gegen die Sprachverderber, welche das h, „diesen musikalischen Buchstaben", weglassen und demnach bald Lon, Son u. s. w. schreiben müssen. —

Das eifrige Streben Vokale wegzulassen! Die Deutsche Sprache ist schon arm genug an Vokalen: man soll die noch vorhandenen nicht ausrotten. —

Es ist von großer Wichtigkeit, daß die richtige Aussprache in der Orthographie niedergelegt und dadurch fixirt werde. Schon jetzt sprechen manche Leute „Spaß" aus: mit der Zeit werden sie „Märrchen" sprechen; Dank unsern Buchstabenknickern. Zu glauben, daß die Aussprache sich durch Tradition erhalten werde, ist ganz eitel: man hält sich an die Orthographie. —

Dr. Seberholm, Pfarrer aus Moskau, welcher Schwedisch kann, sagt, daß „seelig" nicht von Seele kommt; sondern vom schwedischen Wort Sal, welches bedeutet Fülle, Herrlichkeit, Glücksäligkeit (doch nicht im theologischen Sinn), und welches im Deutschen bloß in seinen Derivativis Trübsal, Schicksal ꝛc. übrig ist: — also ist statt seelig sälig zu schreiben. —

[Dänemark statt Dännemark]: man soll nicht der schmutzigen Buchstabenzählerei Koncessionen machen auf Kosten der Richtigkeit. —

Dieses gedehnte Dännemark ist so unerträglich, daß

ich allenfalls zugestehn will Dänmark zu schreiben (wobei 2 Buchstaben lukrirt werden), jedoch unter der Bedingung, daß sie nicht verrathen, daß ich mit Leuten, wie sie sind, ein Kompromiß eingegangen bin. (Auf Dänisch heißt es Dannemark, so habe es gesehen auf einem Dänischen Packet Waaren, gedruckt.) —

Italia wird, um sich dem deutschen Idiom zu assimiliren zu Italien: hieraus darf man aber nicht wieder das Adjektiv bilden und schreiben Italienisch, wie sie Alle tutti unisono jetzt thun; sondern das Adjektiv wird aus Italia gemacht: also italiänisch: so spricht auch Jeder, der nur ein wenig Bildung hat, aus: nicht Italichnisch, — wie ein Dreckfeger. —

„Etwa" ist gar kein Wort, sondern die süddeutsche Aussprache von etwan, aliquando, welche das n am Ende wegläßt, wie auch eben so bei Verben im Infinitiv: daraus aber machen sie nachher gar das widerwärtig diphthongische Adjektiv etwaige! —

Der „Schmied" ist gar kein deutsches Wort, sondern das Machwerk der Naseweisheit, welche scharfsinnig entdeckt hat, daß es ja schmieden und die Schmiede heißt. (Dies ist wie wenn man θησις statt θεσις schreiben wollte, weil es von τιθημι kommt.) Auf Deutsch hat zu allen Zeiten das Wort gelautet und ist geschrieben worden „Schmidt": dies bezeugen auch die zahllosen Eigennamen Schmidt. Hingegen hat es im Plural die Schmiede.*) —

Aus der selben Naseweisheit ist „der Bauer, des Bauers", weil sie sich einbilden, er sei Landbauer und komme von bauen — es ist das Englische boor: daher

---

*) [Variante:] Es heißt auf Deutsch „schmieden" und „die Schmiede", aber der „Schmidt". Dies bezeugen die zahllosen Eigennamen, die ganz gewiß vom Handwerk stammen. Alle diese schrieben sich Schmidt: noch ist mir kein Schmied vorgekommen, wohl aber Schmieder.

der B[auer]
des Bauern
plur.: die Bauern.

Nichts ist widerwärtiger als naseweise Schnitzer. —
Nichts mit großem N: cur? —

Die Manie „Nichts" mit großem N zu schreiben: Dies ist nur in dem Ausnahmsfall recht, wo es substantivo steht, also le néant besagt. —

Schon lange war, auf Anlaß der so beliebten „Hilfe" und „Giltig", — ein schwarzer Verdacht in mir aufgestiegen, nämlich daß sie nicht bloß die Buchstaben zählten, sondern sie mäßen: er ward zur Gewißheit, als ich „Hilsenfrüchte" fand, und erst jetzt konnte ich mit Shakespeares Prinz Heinrich sagen:

now I have touched the lowest cord etc. (sic lere).

Man soll bedenken, daß eine Jugend heranwächst, welche die Zeitungen aller Art und überhaupt das Neueste liest und sonst nichts, folglich denkt, Das wäre Deutsch und es gäbe kein anderes Deutsch, als diesen infamen Litteraten= und Buchmacher=Gesellen=Jargon, demnach „Gescheidt" und „Giltig" und „Hilfe" und überhaupt alle oben aufgezählten Sprachschnitzer ihr Leben=lang schreibt. — Es wäre gewissenlos dazu zu schweigen.

§. 2.

Präfixa und Affixa.

Durchgängig wird statt „beistimmen" gesetzt „zustimmen", obgleich beides nicht genau identisch ist; aber um einen Buchstaben zu ersparen: Dies ist eine Kleinigkeit, aber es charakterisirt den Geist dieses schmutzigen Treibens. Dem entsprechend werden, um 3 Buchstaben zu lukriren, von allen den vielen Verben, welche durch die verschiedenen

Präfixa die Nüancirung des Grundbegriffs durchführen und dadurch diejenige Modulation der Sprache hervorbringen, welche sie befähigt, jeden Gedanken treffend, genau, fein und prägnant auszudrücken, — weggeschnitten und überall statt ihrer bloß das Wurzel-Verbum gesetzt; und hierdurch emsig an der Verarmung und Lähmung der Sprache gearbeitet.

Es liegt am Tage, daß bei diesen Sprachverbesserungen die äußerste Dummheit präsidirt, und die äußerste Gemeinheit, mittelst blinder Nachahmung des lieben Nächsten ihr Folge leistet und also die Exekutive übernommen hat. —

Die Präfixa und Affixa sind die Modulation der Sprache, und diese wollt ihr, unfähige Skribler, ausmerzen, weil ihr den Sinn derselben weder versteht, noch fühlt. —

Die Sprache um ein Wort ärmer machen (durch Abschneiden der praefixa) heißt die Nation um einen Begriff ärmer machen. — Alle schöne Schreibart besteht in der treffenden Genauigkeit des Ausdrucks zur Bezeichnung des Gedankens: sie wird unmöglich, wenn man die verschiedenen Modulationen jedes Begriffs durch praefixa und affixa aufhebt. —

Wie die Rattenfänger machen sie Jagd auf die Präfixa aller Verben und Substantiven, um sie ohne Umstände wegzuschneiden; weil sie deren Bedeutung und Werth nicht kennen, nicht verstehn, nicht fühlen.*) Noch dazu thun sie Dies mit sichtbarer Selbstgefälligkeit; wodurch sie uns das peinliche Schauspiel des über das Verwüstungswerk seiner Willkür exultirenden Unverstandes geben. —

Wenn ein Wort ohne Präfixum eine Bedeutung hat, mit dem praefixo aber eine andere; so brauchen sie jenes auch in der Bedeutung des letzteren, machen also die Sprache

---

*) Die durch Abschneiden der Präfixa zu Wege gebrachte Identifizirung verschiedener Worte führt zur Verwirrung der Begriffe.

um ein Wort ärmer: und da dies an hunderten von Worten geschieht, wird die Verarmung bedeutend. Z. B. „Besserung" statt Verbesserung, Ausbesserung u. s. w., oder „Kürzen" statt Verkürzen, Abkürzen u. s. w. „Er stürzte den Thurm" statt stürzte ihn um (Deutsches Museum) ist wie ruit statt deruit. —

Die deutsche Sprache ist der Dummheit in die Hände geliefert. Fälschung statt Verfälschung, — während Ersteres bisher ausschließlich von Werthpapieren gebraucht ist, also Species eines Genus. Ebenso „Vergleich" statt Vergleichung; während Ersteres in der Regel nur für pactio, compositio gebraucht worden. Durch diese Manier, von 2 Worten nur Eins übrig zu lassen, welches, weil es eine Silbe weniger hat, jetzt den Dienst beider versehen soll, wird die Sprache immer ärmer gemacht, und zugleich zweideutig, — gerade so wie die Thiergeschlechter, die Skala abwärts genommen, dadurch immer unvollkommener werden, daß ein Theil die Funktionen allein übernimmt, welche höher hinauf von zweien versehn werden (worüber Milne Edwards). Daß Ein Wort zwei verschiedene Bedeutungen hat, ist ein Uebelstand, dem man stets entgegenarbeiten soll: sie befördern ihn!

Allemal: „Bezug" statt Beziehung — Bettbezug*), und gar „Sachverhalt" statt Verhältniß; man denkt an Urinverhaltung.**) „Geschick" statt Geschicklichkeit, wodurch seltsame Mißverständnisse entstehn, z. B. „das Geschick des Kajus" — wo man denkt, sein Schicksal sei gemeint.

---

*) „Bezüge" statt Beziehungen. Kopfkissen, Sophas und Stühle haben Bezüge: Menschen und Dinge haben Beziehungen. So ist's Deutsch. Aber elende Silbenknickerei steckt dahinter und sonst nichts. —
Schreibt ihr, statt Beziehung, „Bezug"; so müßt ihr auch statt Anziehung, „Anzug" schreiben.

**) „Sachverhalt" wird der Unbefangene für eine Abkürzung von Sachverhaltung nehmen, wie in Urinverhalt: macht ihr aus Verhältniß Verhalt; so müßt ihr auch aus Behältniß Behalt machen.

Der Leser soll den wahren Sinn errathen, wozu er die Phrase 3 Mal lesen muß: aber was schadet Das? 2 Silben sind ja lukrirt! —

Der dumme Muthwille, den jeder Strohkopf jetzt an den Silben übt, deren Bedeutung er weder versteht, noch fühlt, ist grenzenlos und droht die Sprache abzuschwächen und zu verarmen. Fernere Beispiele davon: „er suchte ihn in seinem Irrthum zu stärken" statt bestärken!! (Götting. Anzeigen). Man sucht Einen im Unglück, in der Krankheit zu stärken: aber in seiner Meinung, seinem Irrthum u. s. w. muß man ihn bestärken. Jedoch ein Wort den Dienst zweier versehen zu lassen, wodurch die Sprache verarmt, — das ist der Humor der Sache! —

Statt Anregen schreiben sie „Beregen", welches gar kein Wort ist, aber den Zweck hat, im Particip das Augment und damit zwei Buchstaben zu ersparen! Ueberhaupt wird getrachtet, alle die Verben, welche im Particip das so schöne, die Verwandtschaft mit dem Griechischen beurkundende deutsche Augment haben, zu vermeiden und endlich auszumerzen. Ich schlage vor, statt Lumpenhunde Lumphunde (und Dummesel) zu schreiben: — es war mir nur eben so eingefallen. —

„Beregen" statt „Anregen" (wegen einer Silbe ein partic. pass.)

Sie meynen, ein Präfix sei so gut wie das andere; weil sie weder fühlen, noch verstehn, warum unsre Vorfahren „begiessen, betrügen, begehn, bethören, beschenken" u. s. w., aber „anfangen, anreden, anbeten, anziehn, anmuthen" u. s. w. gesagt haben. Die Herren haben noch zu lernen, daß die Präfixa einen Sinn und Bedeutung haben, nicht willkürlich hingesetzt sind, also nicht willkürlich vertauscht werden können. —

Nachdem irgend ein Narr, um das Augment im Particip zu ersparen, statt angestrebt, „erstrebt" geschrieben hatte, stürzten eilig 100 Narren herbei, das Selbe zu thun

Ueber die Verhunzung der Deutschen Sprache.

und überall stets Erstreben statt Anstreben zu setzen; so groß auch der Unterschied ist zwischen dem bloßen An=streben (appetere) einer Sache und dem wirklichen Er=streben (adipisci) derselben, und sonach durch jene Iden=tifikation dieser zwei Verba die Sprache um ein nöthiges Wort ärmer wird. „Thut nichts, Thut nichts! Dafür werden ja im Particip 2 Buchstaben lukrirt!" Kostbarer Gewinn! Sollte man solche Dummheit für möglich halten, wenn man sie nicht sähe? —

Was mich bei allen diesen Verbesserungen verdrießt, ist zunächst das Verderben der Sprache; sodann aber auch die entsetzliche und so allgemeine Dummheit, die dabei zu Tage kommt; so daß ich in der Bitterkeit meines Herzens mir sage, daß das Phlegma die Wurzel der Dummheit ist und leider seine Heimath in Deutschland hat. Man horche hin, wie die Engländer, Franzosen, Italiäner von den Deutschen in intellektueller Hinsicht urtheilen: bei der heutigen, gemein=sam betriebenen Sprachverbesserung kommt zu Tage, daß sie Recht haben. —

Sie dünken sich fein und witzig, indem sie überall statt Zuhörer „Hörer" schreiben: aber es ist zweierlei: jeder, der, wenn auch wider Willen, etwas hört, ist ein Hörer; aber nur wer mit Absicht hört, ein Zuhörer. Das fühlt so ein Pachyderma nicht, und dergestalt werden alle Modifika=tionen der Begriffe, alle Nüancen, Modulationen derselben, aus der deutschen Sprache ausgemerzt; bloß aus nieder=trächtiger, schmutziger Buchstabenzählerei. —

Sie setzen statt Anzahl — „Zahl": allein Zahl be=deutet jenes abstrakte Wesen, welches der Stoff der Arith=metik ist und wodurch man zählt; Anzahl hingegen ist das Gezählte, das was gezählt wird, die empirische Zahl, die Dinge, ihrer Zahl nach.*) —

---

*) „Zahl" statt Anzahl: jenes aber ist die abstrakte, reine, un=benannte Zahl; letzteres die konkrete, angewandte, abgezählte indivi=dueller Dinge.

Statt hinzufügen schreiben sie „beifügen", welches nicht das Selbe ist: ersteres gilt von homogenen, letzteres von heterogenen Dingen. Ich füge meinem Briefe ein Päckchen bei und ein Postskriptum hinzu.*) Aber auch hier soll in der Sprache ein Wort den Dienst zweier versehen, um gelegentlich zwei Buchstaben zu ersparen. Die Genauigkeit einer Sprache geht 100 Mal ihrer Kürze vor: sie besteht darin, daß jede Nüance eines Begriffs durch ein ebenso nüancirtes Wort ausgedrückt wird: nur unter dieser Bedingung kann man in einer Sprache sich ganz deutlich, bezeichnend, treffend, fein, kräftig und so ausdrücken, daß der Leser gleich versteht was man sagen will und es nicht erst aus dem Zusammenhang zu errathen hat. Dieser schmutzige Buchstabengeiz, der Stil, Grammatik, Logik, Sinn und Verstand mit Füßen tritt, um hin und wieder einige Buchstaben zu erknausern, kann nicht tief genug verachtet werden: er proklamirt laut, daß die von ihm Besessenen ohne Kenntniß, ohne Verstand und ohne Geschmack sind. Daß ihrer eine Legion ist, bessert ihre Sache nicht: das Allgemeine ist dem Gemeinen verwandt. —

Einer (Wilhelmi) in den Heidelberger Jahrbüchern schreibt: „Ich trat in den Tempel, wo ich die Bildsäulen des Odin, Thor und Frey traf"; — wonach man denken sollte, er habe auf diese geschossen: aber es steht aus elender Buchstabenknickerei statt vorfand: wenn noch stände „antraf", so gienge es allenfalls, wiewohl auch dies nicht richtig wäre, da es nur von zufällig anwesenden Personen gesagt werden darf, nicht aber von einem Gott in seinem Tempel. — Wollt ihr eine ganze Seite sprachlich verhunzen, damit sie eine Zeile weniger habe? Ist Das Menschenverstand? — oder ist's Eselsdummheit? —

---

*) Variante: „Ich füge bei" statt hinzu: zwei verschiedene Dinge. Ich füge eine Probe der Waare bei; ich füge noch Folgendes hinzu: so muß man schreiben. „Ich füge an" statt hinzu, — ein Kabinetsstück von Buchstabenzählerei.

„Bessern" statt Verbessern — zweierlei: Ein Blinder, ein Kranker, bessert sich, „bessere Dich". Eine Erfindung, ein Instrument, ein Buch, ein Gehalt wird verbessert.*) — „Aendern" statt Verändern. Der Unterschied ist analog, wenn auch nicht so deutlich. Sein Kleid ändern ist ein anderes anziehn; sein Kleid verändern ist Sache des Schneiders. Aendern betrifft überall das Ganze der Sache; Verändern einen Theil.**) „Fälschen" statt Verfälschen. Gefälscht wird Das, dem man ein ganz Anderes substituirt, wie Dokumente, Wechsel, Banknoten; verfälscht wird Das, dem etwas Unächtes beigemischt wird: Wein, Text, Urtheil, Glaubenslehre u. s. w. Ich verfälsche die Urkunde, wenn ich eine Stelle radire und etwas Anderes hinschreibe: ich fälsche sie, wenn ich sie ganz fabrizire. —

„Ueben" statt Ausüben und auch statt Einüben. — Der Schüler übt die Kunst oder sich in derselben: der Meister übt sie aus: Der Virtuose übt ein Stück, der Schauspieler eine Rolle ein.

Aber ohne alles Verständniß des Werthes der Silben, sind sie ganz allein auf Zählen und Auswerfen der Buchstaben bedacht. Wenn die unfähigen und urtheilslosen Köpfe, aus denen die große Mehrheit des Menschengeschlechts, folglich auch der Gelehrten, besteht, tagtäglich schlechte Bücher in die Welt setzen; so ist davon kein ernstlicher Nachtheil zu befürchten: ein Thor ist wer sie liest, und ihr Einfluß geht nie weit. Ein Anderes aber ist es, wenn solche Köpfe sich an die Sprache machen und diese, nach irgend einer

---

*) Variante: „Besserung" statt Verbesserung. Auf Deutsch redet man von der Besserung eines Kranken, von der Verbesserung einer Maschine, von der Ausbesserung eines Kleides, Schiffes u. s. w.

**) Eine Zeitung berichtet eine bevorstehende „Aenderung der Uniform": dies besagt auf Deutsch, daß statt der bisherigen eine ganz andre eingeführt werden soll; — während bloß eine Veränderung in der Uniform gemeint ist.

Flause, umformen und verbessern wollen. Da wird die Sache bedenklich: denn sie können ihre Tatzen so tief in die Sprache eindrücken, daß die Spur bleibend wird; weil sie den grossen Troß von ihres Gleichen hinter sich haben, welche, wie das gemeine Volk, in allen Dingen stets nur durch Beispiel und Nachahmung geleitet werden und jetzt sich beeilen, der Narrheit nachzueifern. —

Statt Ausfertigen — „Fertigen"; wie es schon längst statt Verfertigen dienen muß: für Abfertigen wird es den Dienst wohl auch übernehmen, wie auch für Anfertigen, — und so wird jeden Tag die Sprache um ein Wort ärmer.

Scheuchen statt Verscheuchen.

Statt beständig — „ständig"! — folglich auch statt anständig, inständig, verständig, ausständig, abständig, nachständig u. s. w., überhaupt statt Bestand — Stand.*) Bloß daraus, daß der Verstand den Herren so fremd ist, erklärt es sich, daß sie ihn nicht auch in Stand abgekürzt haben. Vor allen Dingen aber rathe ich ihnen, ihr eigenes Epitheton zu verkürzen und statt dumm — dum zu schreiben. —

„In Dresden findet sich kein Sardinischer Gesandter" statt befindet: — was sich „nicht findet" ist abhanden gekommen. — Ja, „Brauche" (mihi opus est) statt „Gebrauche" (utor).

Ebenfalls: statt „er wollte ihm dazu verhelfen": bloß „helfen". Zwei sehr verschiedene Begriffe. —

---

*) Variante: „Ständig" statt beständig! Dann müßt ihr Stand statt Bestand schreiben und stehn statt bestehn, und Alles durcheinanderwerfen, um nur eine Silbe zu sparen. —
Statt beständig — „ständig", welches klingt wie ständig, d. i. den Ständen des Reichs gehörig. Dann müssen sie auch statt unbeständig unständig, und statt Unbestand Unstand schreiben, ferner statt inständig, ausständig, zuständig, geständig, rückständig immer nur „ständig". Aber so weit zu denken sind unsere Sprachverbesserer nicht fähig: ihre Sache ist Buchstaben zählen.

Nochmals über Lösen und Auflösen (vergl. W. a. W. u. V. II. Wissenschaftslehre)*): es sind 2 verschiedene Begriffe, welche deshalb im Deutschen die Sprache mit 2 verschiedenen Namen bezeichnet: man soll nicht, aus Silbenknickerei, diese verschiedenen Bezeichnungen aufheben, wodurch die Sprache verarmt. —

„Lösen" statt Auflösen: was würde man sagen, wenn ein Franzose soudre statt dissoudre schriebe?

Hingabe statt Hingebung,**) sogar Dahingabe! Behörden schreiben „letzte Willensordnung" statt Willensverordnung. Etwas ordnen, oder etwas verordnen sind doch höchst verschiedene Dinge! Thut nichts, wenn wir nur eine Silbe ersparen, da mag Sinn, Verstand, Logik, Grammatik und Alles zum Teufel gehn. —

„Rechnung legen" statt ablegen (Poststg.): also fortan statt auflegen, unterlegen, vorlegen, darlegen, einlegen, überlegen, verlegen, auslegen u. s. w. nur immer simpliciter „legen"! „Willigung" statt Einwilligung***): also ich bin gewilligt 2c. Eine Sache „weigern" statt verweigern (Recension) also das activum transitivum statt des reciprocum. —

„Eine Stelle in der Weltgeschichte nehmen" statt einnehmen (W. Menzel). — „Zeichnen" statt unterzeichnen mag als Börsenjargon hingehn; außerdem aber gebraucht

---

*) Ein andrer mir anstößiger Ausdruck der Chemiker ist Ammoniak statt Ammonium. Ammoniak steht für ammoniacum, ist also das Derivatum, das Adjektiv, wie in Sal ammoniacum. Die Basis des Salmiaks, bestehend aus Azot und Hydrogen, muß also Ammonium heißen.

**) Wenn durch Hinzufügung einer Silbe, oder sonstige Verlängerung eines Worts, der Ausdruck des mitzutheilenden Gedankens an Klarheit und Bestimmtheit auch nur ein Weniges gewinnt; so ist es die größte Thorheit und Verkehrtheit jene Silbe ersparen zu wollen; z. B. Hingabe statt Hingebung zu schreiben. —

„Hingabe" statt „Hingebung": Gabe und Gebung ist zweierlei Der Akt und die Sache.

***) „Willigen" statt Bewilligen, Einwilligen.

(wie bereits geschieht), ist es nichts, als ein erzgemeiner Judenjungen-Schnitzer!

„Durchstich der Landenge", statt Durchstechung. — „Tiefer greifend" statt eingreifend. —

„Einwände" statt Einwendungen.

„Abbruch der Unterhandlungen" statt Abbrechung. Man sagt „der Abbruch eines Hauses".

„Schwinden" (tabescere) statt Verschwinden (evanescere.) — „Schluß" statt Beschluß. — „Reglos" statt regungslos. —

„Zugestehn" statt Eingestehn: so verschieden wie Eingeständniß und Zugeständniß. — Ich erwähne es nur, um zu zeigen, wie weit die Niederträchtigkeit der Buchstabenzählerei geht.

„Die Häuser streichen" — statt anstreichen. —

In einer ministeriellen Depesche, wie sie die Zeitung giebt, steht „verhalten" statt vorenthalten! Allerdings ist Hoffnung da, daß es ein Druckfehler sei: aber die Hoffnung ist schwach. — „War nicht zu erbringen" statt aufzubringen. —

„Verhalten" statt Vorenthalten schon 3 Mal gefunden! auch bei Rosenkranz. — Urinverhaltungen giebt es: Wahrheiten werden vorenthalten. —

„Zweiung" statt Entzweiung! (P. Z.) Da kann er auch, statt Entsetzen, Setzen; statt Entführen, Führen; statt Entstehen, Stehen schreiben. „Ent" bedeutet das Auseinandergehen. —

Heut zu Tage ist in Deutschland kein Schriftsteller (wie doch in allen andern Ländern) bemüht, vor Allem korrekt zu schreiben; vielmehr sucht jeder, durch die absurdesten, auf Buchstabenknickerei hinauslaufenden Sprachverhunzungen seinen ganzen Unverstand an den Tag zu legen: und die Uebrigen bezeugen Beifall durch Annahme seiner Verhunzungen. Jeder Subler vermeint, Herr und Meister über die Sprache zu seyn und nach Gutdünken mit ihr umspringen zu können, Worte gebrauchen zu dürfen in einem Sinn, den sie nie gehabt, Silben wegschneiden, neue Worte zusammensetzen oder gar sie erfinden, und Präpositionen ohne Auswahl, wie sich's eben trifft, anwenden zu dürfen; z. B. „beruht in" statt „beruht auf." Ein angesehener Theologe*) spricht uns von einem entsetzten Professor, meint aber damit nicht perterritus, sondern „abgesetzt": und bloß um einen Buchstaben zu ersparen, schreibt er diesen Unsinn. Man sieht daran, wie weit die Monomanie geht. —

Die gänzliche Verderbung der deutschen Sprache durch solches knauseriges Abknappen von Silben und Buchstaben ist dem Verfahren eines Fabrikherrn zu vergleichen, der, durch Einführung einiger kleiner, knickeriger Ersparnisse, seine ganze Fabrik ruinirt; — gehört also unter die Rubrik pennywise and poundfoolish. —

„Das Volk mahnen" statt ermahnen! (Hase, S. Franciscus.) Schuldner werden gemahnt. —

„Hindern" statt verhindern. Ich hindere was ich erschwere, verhindere was ich unmöglich mache. —

„Wandeln" statt Verwandeln (Graul, Kural v. 452). — „Löschen" statt erlöschen, sc. die Lampe (Do, v. 601). — Fahr! statt Gefahr! (Graul, Kural v. 674!!) ibid. p. 15 Pflichten lösen statt erfüllen!

„Dem Christenthum erborgt" (Köppen, Bd. 2) statt abgeborgt. Wer mir etwas erborgt, borgt es für mich von einem Andern: — also falsches Wort, falscher Sinn, um zwei Buchstaben zu knausern. —

„Siebelei" statt Einsiedelei (Köppen), also gerade das Bezeichnende und Unterscheidende weggeschnitten.

Von Silbenknickern und Buchstabenzählern fast in jeder Zeile mißhandelt befindet die Sprache sich unter den unwürdigsten Tatzen: mögen Ganesa, Athene und Hermes sie erretten! —

---

*) (ist Haase, Leben Fichte's).

„Bereiten" statt Vorbereiten. Man bereitet eine Speise, ein Lager; eine Ueberraschung, ein Ueberfall u. s. w. wird vorbereitet. —

„Patriotische Hingabe" statt Hingebung: — warum denn gleich darauf „Aushebung der Rekruten", und nicht Aushub? und, statt Erhebung des Gemüths, Erhub? und überhaupt statt Hebung (z. B. der Industrie) bloß Hub? —

„Vorwiegend" statt überwiegend: also auch Vorgewicht? Dummer, sinnloser Schnitzer, um einen Buchstaben zu ersparen. „Ueber" bezieht sich auf die perpendikulare, vor auf die horizontale Linie: aber wer möchte unsern Sprachverbesserern mit solchen Subtilitäten kommen? sie sind gewohnt aus dem groben Holz zu schneiden: sie zählen die Buchstaben und damit gut. —

„Theidigen" statt Vertheidigen! und „Theidigung" statt Vertheidigung! in einer Zeitung gefunden.

Das Königl. Sächsische Ministerium des öffentlichen Unterrichts, in einer „Bekanntmachung das Lehrerinnen-Seminar betreffend", vom 1. Juni 1859, sagt „Führung" statt Aufführung. Danach kann man auch statt Ausführung, Verführung, Durchführung, Ueberführung, Anführung, Entführung, Abführung, Einführung u. s. w. immer nur Führung sagen: der Leser wird ja wohl rathen was wir meynen. — Auch Heidelberger Jahrbücher, Oktober 1859, „Führung" statt Aufführung. —

„Der Verfasser hat noch einen Theil zurückhalten müssen" statt zurückbehalten, — schreibt ein Recensent im Repertorium. Zwei sehr verschiedene Begriffe! aber sie sollen konfundirt und die Sprache um ein Wort ärmer werden. Und von solchen Eseln wird man recensirt in so einem anonymen Eselstall. —

„Dies zeugt" (generat) statt bezeugt (testatur)! — Testat statt Attestat. Sie schleichen um die Sprache und suchen nach irgend einer Silbe, die noch abzuknappen wäre.

Es ist als ob sie daran verzweifelten, mittelst ihrer Schriften eine Spur ihres Daseyns zu hinterlassen, und daß sie daher eine solche der Sprache eindrücken wollen, durch Verhunzung derselben. Daran arbeiten sie einmüthig. — Das Schlimmste bei der Sache ist, daß allgemach eine junge Generation heranwächst, welche, da sie stets nur das Neueste liest, schon kein anderes Deutsch mehr kennt, als diesen verrenkten Jargon des impotenten, nämlich durch Hegel kastrirten, Zeitalters im langen Bart, welches, weil es nichts Besseres zu thun weiß, sich ein Gewerbe daraus macht, die Deutsche Sprache zu demoliren.

Habe gefunden „das Unänderliche" statt Unabänderliche, — eine Sprachverbesserung, welche gewiß von allen Schafsköpfen mit Bewunderung aufgenommen und mit edlem Eifer nachgeahmt werden wird; — wodurch dann die Sprache um 2 Worte ärmer wird, d. h. um das Unterscheidungsmittel zweier ganz disparater Begriffe: „unabänderlich" und „unveränderlich".

Ferner: „unrechtes Gut" statt ungerechtes: — man sagt: die unrechte Thür, der unrechte Hut, der unrechte Weg; aber ungerecht ist etwas ganz anderes. Aber was kümmert uns Sinn und Verstand, wenn wir zwei Buchstaben ersparen können! —

„Beifügen" statt hinzufügen und „Zustimmen" statt Beistimmen, obgleich es nicht genau das Selbe ist: aber ein Buchstabe wird erspart, und — victoria! Die deutsche Sprache ist wieder um ein Wort ärmer geworden! ruft triumphirend die lausige Bettelökonomie dieser Buchstabenzähler. — Und dann das stolze Selbstbewußtseyn zu seyn, mit welchem Herr Schmierax nach jeder neuen Wortverstümmelung um sich sieht, und den Eifer, mit welchem die gesammte schreibende Welt herbeistürzt, dieselbe aufzunehmen und anzuwenden.

Diese verfluchte Unanimität drückt dem ganzen Treiben den Stämpel der Gemeinheit auf.

Mir ist, als sähe ich unsere sämmtlichen Schriftsteller, jeden mit einer Scheere in der Hand herlaufen hinter der Deutschen Sprache, um ihr irgendwo eine Silbe, wenigstens einen Buchstaben abzuknappen.

§. 3.
Weggelassene und durch keinen Artikel ersetzte Flexionen der Nomina propria.

In keiner Sprache wird man im Zweifel darüber gelassen, ob man den Nominativ oder den Dativ vor sich habe, als ganz allein im Deutschen: nein, nicht im Deutschen, sondern im elenden „Jetztzeit"-Jargon der Litteraten: im Deutschen wird vielmehr, bei Eigennamen, der casus obliquus überhaupt durch ein angehängtes n bezeichnet. —

In dem allbekannten Volksliede „Was ist des Deutschen Vaterland" heißt es:

„So weit die deutsche Zunge klingt
Und Gott im Himmel Lieder singt."

Auf Deutsch besagt dies, daß Gott im Himmel sitzt und Lieder singt. Wir sollen's rathen! Eine Sprache soll den Gedanken ausdrücken; nicht uns überlassen ihn zu rathen. Der Casus muß, muß, muß, in allen Fällen, sei es durch Flexion oder Artikel, ausgedrückt werden, nicht aber dem Leser zu errathen bleiben, sonst seid ihr Huronen und Karaiben. Da man den Eigennamen meistens keinen Artikel vorsetzt; so wurde bei diesen, zur Zeit als es noch gute Schriftsteller in Deutschland gab, der Casus obliquus durch s und n ausgedrückt: Göthe, Göthes, Göthen. Das wollen aber unsre Theetischlitteraten und Buchhändlerhausknechte durchaus nicht, es gefällt ihnen nicht, Gründe wissen sie keine dagegen, aber sie mögen's nicht, — geben also lieber dem Leser zu rathen, was gemeint und wer welcher sei. —

Wirklich weiß man oft wirklich nicht, welcher von beiden Leuten im Nominativ, welcher im Accusativ steht, d. h. welcher der Leidende und welcher der Handelnde ist. —

Wenn der Casus gar nicht ausgedrückt wird, so ist die Deutsche die unvollkommenste aller Sprachen. —

Sie dekliniren, aus Buchstabenknickerei: der Prinz, des Prinz u. s. w. — Dann müssen sie auch: der Fall, der Riese, ebenso dekliniren. —

Ich weiß wohl, daß ihr meine Worte in den Wind schlagen und sagen könnt stat pro ratione voluntas: aber dennoch könnt Ihr leicht ein Mal auf Einen treffen, der ohne Umschweife euch sagte, was Ihr seid.

§. 4.

Pronomina.

Das Pronomen „welcher, welche, welches" ist, seiner ungebürlichen Länge wegen, bei unsern meisten Schreibern ganz verfehmt und wird ein und allemal durch der, die und das vertreten, in welcher Weise ich sagen müßte: „Die, die die, die die Buchstaben zählen, für klägliche Tröpfe halten, möchten vielleicht nicht so ganz Unrecht haben." —

Statt „Dieses, Jenes, Solches, Dasselbe" — setzen sie „das" — welches dem Vortrag eine recht bierhausmäßige Natürlichkeit verleiht: noch gemeiner aber ist das Motiv dazu, — die niederträchtige Buchstabenzählerei. — Die abscheuliche Manie 2 ja 3 Worte zu ersparen!*)

---

*) [Varianten:] Zu den beliebtesten und sogleich mit eifrigster allgemeiner Nachahmung aufgenommenen Buchstabenökonomien neuester Zeit gehört auch, daß man statt „dieses" oder „es" oder „welches", oder „jenes" allemal „Das" setzt, welches dem Stil eine recht gemüthliche Bierkneipennatürlichkeit ertheilt. Sogar wo gar kein Pronomen nöthig ist, flicken sie dieses Das ein, so sehr gefällt es ihnen. Und zwar begehn diesen ganz plötzlich eingerissenen Mißbrauch des Das Alle, Einer wie der Andre, vom Akademikus bis zum letzten Zeitungsskribler herab. Diese vermaledeite Uniformität ist, als sicheres Zeichen der Urtheilslosigkeit, zum Verzweifeln. Alle sind voll von Das;

Die Sudler sollten ihre Dummheit an etwas Anderm auslassen, als an der Deutschen Sprache.

Alles kurz, nur kurz! — Sie haben nämlich grosse Eile! Denn ihr eignes Leben ist ein abgekürztes: sie, ja schon ihre Eltern besitzen es nämlich nur zur Lehn von den Kuhpocken, als welche alle die Schwächlinge der Kinderwelt retten, die in früheren Zeiten auf dem Probierstein der wahren Pocken erlagen und Raum ließen für die Starken, welche leben und zeugen sollten. Jenes so ein kurzes Leben bloß zur Lehn habende und daher in Allem so äußerst pressirte Geschlecht ist eben jenes langbärtige Gezwerge, welches Einem überall zwischen die Beine läuft. Aus ihm sind ohne Zweifel auch die Verbesserer der Sprache durch Buchstabenzählerei und Wortbeknapperei hervorgegangen: die Verwandtschaft ist ja augenfällig — curtail'd in their fair proportion (Rich. 3) ist Beides. —

Statt Solcher, Solche, Solches, — immer nur „solch", z. B. „solch aufrichtiger Mann". Obendrein merkt man, daß sie sich dabei liebenswürdig dünken. —

„Dasselbe" wurde, wie hier, zusammengezogen, geschrieben, wann es das Pronomen es vertritt. Dann be-

---

daher es denn eben so allgemein wie gemein ist: jede Seite ist mit Das gespickt von oben bis unten. Man denke sich den Effekt, wenn im Englischen that auf solche Weise mißbraucht und an die Stelle aller verwandten Pronomina gesetzt würde.

Sie haben arithmetisch richtig abgezählt, daß Der, Die, Das weniger Buchstaben haben, als Welcher, Welche, Welches; Dieser, Diese, Dieses; Solcher, Solche, Solches ꝛc. Jetzt muß daher Alles mit Der, Die, Das bestritten werden, welches oft das Verständniß der Phrasen schwierig macht. Und dies Alles bloß um einen oder 2 Buchstaben zu ersparen! man sollte eine solche Erbärmlichkeit gar nicht für möglich halten. Ich habe in einer Gel Zeitschr. gefunden, statt „als welcher" — als der, — welches der Leser für den Komparativ halten muß und ganz irre wird. Besonders beliebt ist der substantive Gebrauch des Das, dermaaßen, daß alle Seiten damit gespickt sind, welches dem Stil eine gewisse bierhausartige Familiarität und Gemüthlichkeit giebt, so lebendig, daß man den Schreiber sprechen zu hören vermeint und Einem zu Muthe wird, als befände man sich in schlechter Gesellschaft.

hielt man die Zusammenziehung auch in allen andern Fällen bei, ohne Fug und Recht. Daraus entstand Konfusion: man verrannte sich immer mehr in „Dieselbe, Derselbe, Dasselbe", bis man zuletzt nicht aus noch ein wußte: wonach denn dies höchste nöthige Adjektiv „der — die — das (Pronomen der — die — das) selbe" vom Leibe der Sprache amputirt wurde. Es kommt demnach seit einigen Jahren gar nicht mehr vor, sondern wird vertreten durch das Gleiche. Wenn das Gleiche so viel bedeutet wie das Selbe; so behält Leibnitzens Identitas indiscernibilium Recht.*) —

Wenn Dies so fortgeht und diese Sprachverhunzer, statt Schimpf und Schande, Beifall und Nachahme einernten; so wird, nach einer Reihe von Jahren, die Deutsche Sprache zu einem gemeinen, armen und schwer verständlichen Jargon herabgesunken seyn. —

„In der Versammlung erschien ein Müller, Schulmeister und Accessist." (Menzel, Litteraturblatt.) — Dies besagt auf Deutsch, daß der Mann alle drei Gewerbe versah: — er meint drei Menschen und hat das ein zwei Mal ersparen wollen. —

Ein Anderer schreibt „er verirrte" statt „er verirrte sich." Wenn ein Franzose il égara statt il s'égara schreiben wollte! Da würde er sehn, daß er mit Franzosen zu thun hat und nicht mit Deutschen. —

Eben so: „Karbon oxydirt im Sauerstoff" statt oxydirt sich. —

„Einander" ist den Buchstabenzählern zu lang: da setzen sie „sich ähnlich, sich entsprechend" u. s. w.; ohne Sinn und Verstand. Aber: zum Teufel Sinn und Verstand, wenn wir nur Buchstaben lukriren, ist ihre Losung.**)

---

*) Die Geschichte von der gleichen Kugel, die 2 Soldaten traf und „Der gleiche gensd'arme trat herein" (eine Kriminalgeschichte: Zeitung).

**) [Variante:] „Ei was! Sinn oder Unsinn, was thut Das? — wenn wir nur einen Buchstaben ersparen! Darauf kommt es an.

§. 5.

Abjektiva und Adverbia.

Sie trachten den Unterschied zwischen Adjektiv und Adverbium auszulöschen: „sicher" statt sicherlich; — „ernst" statt ernstlich. Nun wohl, wenn die Leute, welche Adjektiv und Adverb gesondert aufgestellt haben, Narren waren; dann seid ihr Weise. Sonst aber umgekehrt. —

„Sicher" statt sicherlich; „sichtbar" statt sichtbarlich, wie wenn man similis statt similiter, — credibilis statt credibiliter schreiben wollte. — Einzig statt allein, und sicher statt gewiß gehören zusammen.

Einfach ist Adjektiv, nicht Adverb. — Was würde man sagen, wenn Einer schriebe simplex statt simpliciter, — simple statt simplement, simple statt simply — semplice statt semplicemente! — Aber gegen die deutsche Sprache ist Alles erlaubt! Sie ist in den Händen der Schreiber aus Industrie, der Schreiber des lieben Brodes wegen, der Litteraten und schlecht bezahlten Professoren. Wehe ihr! —

Einer schreibt: „eine Sache ernst thun", statt ernstlich: er setzt also statt des Adverbii das Adjektiv*): dies aber hängt stets dem Subjekt an, hier der Person, jenes hingegen der Handlung: also wird dadurch der ganze Gedanke verschoben. Thut nichts! 3 Buchstaben sind erspart: und dafür treten wir Grammatik, Logik, Sinn und Verstand mit Füßen. Man sollte denken, die Buchstaben wären Diamanten, wenn man sieht, wie damit gekausert wird. Ich wollte, der Verstand wäre in Deutschland so wohlfeil, wie die Buchstaben. In Wahrheit aber zeigt sich in dieser

---

Mag der Leser nun rathen, was wir wohl gemeint haben; seh' er zu wie er dahinter kommt! wir sagen, wie Petrarka, intendermi chi può, che m'intend'io.

*) und umgekehrt setzt Graul (Aural v. 684) das Adverbium statt des Adjektivs: „günstig Aeußeres, gründlich Wissen".

Sprachreformation ein so kolossaler Unverstand, daß man fragen möchte, ob nicht eine Geisteskrankheit dahinter stecke, — und zwar eine ansteckende.

§. 6.
Zusammenziehung von Substantiv und Adjektiv in Ein Wort.

Ohne Umstände zieht jeder Skribler Substantiv und Adjektiv zu Einem Wort zusammen, und sieht dabei triumphirend auf seinen verblüfften Leser. Statt „dunkles Zimmer" Dunkelzimmer; statt „die ganze Länge" die Gesammtlänge, — und so in hundert Fällen,*) aus Adjektiv und Substantiv Ein Wort gemacht! wozu, wozu? — aus der schmutzigsten Raumersparniß Eines Buchstabens und des Interstitiums zwischen zwei Worten. Und bei solchen niederträchtigen Schlichen ist noch dazu eine gewisse Selbstgefälligkeit unverkennbar: triumphirend bringt Jeder, als Probe seines Witzes, eine neue Sprachverhunzung zu Markte. Olympische Götter! giebt es einen peinlicheren Anblick, als den des exultirenden, zufriedenen Unverstandes? Uebertrifft er nicht sogar den der kokettirenden Häßlichkeit? —

Die Deutsche Sprache sehn wir jetzt der Dummheit, Unwissenheit, Urtheilslosigkeit geradezu in die Hände geliefert, um mit ihr zu schalten, nach Laune und Vergnügen.

Statt „hohe Schule" schreiben sie Hochschule, offenbar aus bloßer Vorliebe für das Sinnlose.

Dahin gehört auch Göthemonument,**) Schillermonument, statt Göthe's Monument. Und gar Schillerhaus klingt wie Schilderhaus. Wie abgeschmackt würde es in

---

*) Nicht die euch überflüssig scheinenden Silben, die überflüssigen Worte sollt ihr weglassen.
**) „Das Göthemonument" statt Göthe's Monument; welches nicht nur richtiger sondern sogar kürzer ist.

England erscheinen, wenn Einer sagen wollte the Shakespearemonument. —

Stein-Monument*), Schiller-Monument, Schiller-Haus wie Schilderhaus: sagte ein Engländer Shakespearemonument oder Shakespearehouse, wie albern würde er erscheinen! O daß man doch könnte Englischen Verstand, wie Englische Waaren, importiren! Aber der Zollverein würde hohen Zoll darauf setzen.

O um eine Crusca für Deutschland! —

Mozart-Geige, Schillerhaus! unberechtigte Zusammenziehung! — Siehe oben: — das erste Wort muß den Zweck des zweiten bezeichnen: Spazierstock, Obstgarten, Reitpeitsche, Vogelflinte, Arzneiglas, Uhrkette, Schilderhaus, Wachtposten, Postkutsche, Schreibtisch. Man sagt Wilddieb, aber nicht Wildschwein. —

In den Heidelberger Jahrbüchern, Dezember 1859, steht „Wildesel"; da wird doch, als zur Familie gehörig, auch Dummesel anwendbar seyn. — Eben daselbst gebraucht Einer Uebung statt Gebrauch! bloß weil tel est notre plaisir: so ungenirt darf jeder Skribler mit der Deutschen Sprache umgehn. Ein Physiker (Birnbaum) schreibt statt periodischer Regen „Periodenregen"! — Die deutsche Litteratur ist überschwemmt von einem Periodenregen. —

Zieht ihr 2, 3 und mehr Worte in Eines zusammen; so könnt ihr mit dem selben Recht alle Interstitia weglassen, wie auf den ältesten Griechischen und Römischen Lapidarinschriften.

---

*) Stein-Monument — das ist ja Jedes, mit Ausnahme der hölzernen Büste Bürgers in Ulrichs Garten. Bronze!

§. 7.
Präpositionen.

Es ist dahin gekommen, daß von unsern Skriblern die Präpositionen ganz promiscue und ohne Auswahl gebraucht werden: der Sudler nimmt die erste die beste, welche ihm einfällt: „aus Anlaß" statt auf, — „aus Dank" statt zum.*) So hat zwar nie ein Deutscher geschrieben:**) aber was thut das? Herrn Schmierax fällt es ein, so zu schreiben, und er nimmt keinen Anstand: die andern Schreiber, statt ihn zu züchtigen, thun es ihm nach: denn Herr Schmierax ist ihr Cicero, die für ihren Sprachgebrauch entscheidende Auktorität: der Quartanerschnitzer „aus Anlaß" ist allgemein befolgt! „Aus Anlaß" schreibt sogar ein berühmter Philologe (Creuzer, in den Münchener Gelehrten Nachrichten, Juli 1857, auch in den Göttinger Anzeigen). Man sagt: „aus Gründen, aus Ursachen", aber „auf Anlaß" (auf meine Veranlassung):***) so will es die deutsche Sprache: statt dieser aber kauderwelsch reden, — auf Auktorität der Zeitungsschreiber und Tintenklexer, — ist eines berühmten Philologen sehr unwürdig. Dem analog „beruht in" statt beruht auf. „Der Kern der Beweisführung ruht darin" statt beruht darauf. —

Dieser jetzt schon sehr häufige Schnitzer: „beruht in" statt auf, — hat wirklich bloß die Ersparniß eines Buch-

---

*) [Variante:] Die Präpositionen gebrauchen sie ganz nach Gutdünken und ergreifen vorkommenden Falls die erste die beste: nächst für ist aus ihr Favorit; „aus Anlaß"; — „aus Dank dafür"; statt zum; — „er fiel um aus Schreck" statt vor.

**) Ueber poetische Freiheiten ist oft geklagt worden; aber sie sind sehr gering, gegen die prosaischen Freiheiten, die heut zu Tage jeder Sudler sich nimmt.

***) weil eine Begebenheit aus ihrer Ursach, aus ihrem Grunde entspringt; aber nicht aus dem Anlaß: auf diesen erfolgt sie bloß, in der Zeit. Aber unsere Lohnschreiber haben von den Feinheiten der deutschen Sprache keine Ahnung und wollen sie verbessern.

stabens zum Grunde. — Haben 50 animalia scribacia einen Schnitzer einander nachgeschrieben, so ist er autorisirt und man beruft sich darauf. —

Auf richtige Syntax, zumal richtigen Gebrauch der Präpositionen, wird kein Bedacht genommen; sondern jeder Subler nimmt, welche Präposition ihm eben einfällt, oder gefällt, nach der Regel stat pro ratione voluntas, und ihm folgt darin bald ein andrer Subler, dem er als Autorität gilt. —

„— Die Verbindung Babylons dem Assyrischen Reich" — (Spiegel, in Münchener Anzeigen) statt mit dem; weil man scilicet sagt dem Reich verbunden! —

Das Niederträchtigste bei der Sache ist das Tutti unisono, mit welchem jeder neu erfundene Sprachschnitzer sogleich angestimmt wird: denn es verräth die Abwesenheit jeder Prätension auf Selbstständigkeit und eigenes Urtheil, wie auch daß unsre Schreiber die ächten deutschen Schriftsteller, welche sämmtlich aus dem vorigen Jahrhundert sind, und überhaupt irgend ältere Bücher, gar nicht lesen, sondern bloß die in letzter Nacht ausgeheckten Monstra ihrer Jetztzeit-Schreiberei, gegenseitig unter einander. Hat nämlich Einer von ihnen einen neuen, recht hirnlosen Sprachschnitzer in die Welt geworfen, z. B. aus Anlaß geschrieben; so springen alsbald Hunderte hinzu, ihn als ihr Adoptiv-Kind aufzunehmen und ihn triumphirend der Welt überall vorzuzeigen, als eine neue Errungenschaft, einen Fortschritt des Jahrhunderts. So ist denn jeder Subler dem Andern ein Cicero, eine sprachliche Autorität, und was Einer gedruckt gelesen hat, schreibt er nach. —

Alle schreiben: „Die Frage von einer Sache": man fragt aber nicht von, sondern nach etwas. —

Ein sehr verdienter Orientalist schreibt, um zu sagen: Dies Wort ist aus der Sprache verschwunden — „dies Wort ist der Sprache entschwunden", wählt also eine geschrobene, halb poetische und ganz unpassende Redeweise, bloß — um die Präposition aus zu ersparen! Dies ist charakteristisch für den Geist, mit welchem die Sache getrieben wird. —

„Namens" statt „im Namen" z. B. „Namens meiner", „Namens des Gerichts". Auf Deutsch hingegen bedeutet Namens nicht im, sondern mit Namen, z. B. ein Kaufmann Namens Meier. Aber wenn es gilt, einen Buchstaben zu lukriren, sind sie zu jeder Sprachverhunzung bereit. —

Es ha[nde]lt sich hier nicht um ein delictum veniale, sondern um eine vom bornirtesten Unverstande mit Plan und Vorbedacht an der Sprache begangene, schändliche Gewaltthätigkeit.

In jeder Sprache gebraucht ein Schriftsteller die Präpositionen mit Besinnung über ihren Sinn und Werth: nur der deutsche Schreiber nimmt ohne andre Auswahl, als die seines Kaprice, die erste, die beste, welche ihm eben in die Feder kommt.

Die glänzende Periode der Deutschen Litteratur hat im Anfang dieses Jahrhunderts ihr Ende erreicht: damit aber auch die Sprache derselben nicht bleibe, sind jetzt Zeitungsschreiber, Buchhändlerlöhnlinge und schlechte Schriftsteller überhaupt eifrig beflissen, sie zu zersetzen und zu zerstückeln, beseelt von einem rechten Enthusiasmus niederträchtiger Buchstabenzählerei.

§. 8.

Konjunktionen und Partikeln.

Eine wirkliche Manie*) ist es, die sich aller unsrer heutigen Schreiber bemächtigt hat: ihr ganzes Dichten und

---

*) [Variante:] Ich wollte, ich könnte sagen, es wäre Manie: denn Manie ist oft heilbar: ich fürchte aber, es ist eine unheilbare Krankheit, und ihr Name ist Dummheit.

Trachten geht dahin, Silben abzuknappen, und da finden sie überall welche, die ihnen, in ihrer Unwissenheit und Bornirtheit entbehrlich scheinen: und über diese Silbenersparniß verderben sie ganze Perioden; so daß man nicht daraus klug wird und sie wiederholt liest, um herauszurathen was der Skribler sagen will. Es ist also im höchsten Grad das pennywise & poundfoolish der Engländer. Es ist eine wirkliche allgemeine Verschwörung gegen die Sprache. Alles fällt über sie her: der Eine reißt hier, der Andre dort, ein Stück ab, eine Silbe, wenn er kann; wo nicht, einen Buchstaben; wenigstens ein Interpunktionszeichen, — und triumphirt über die Beute. Und keine Opposition läßt sich blicken: Himmel hilf! wir sind in Deutschland! Es ist wie eine Seuche, die Alle ergriffen hat. — Man sehe, an den täglich sich darbietenden Beispielen, welche elende Kniffe so ein Skribler sich erlaubt, — um „wenn" und „so" zu ersparen*) und wie unverständlich er dadurch seine Phrase macht, zur Quaal seines Lesers. —

„Wenn" und „so" sind geächtet, im Interesse der Buchstabenzählerei: statt „wenn er es gewußt hätte; so würde er nicht gekommen seyn", — schreiben sie mit einem Gallicismus: „hätte er es gewußt, er wäre nicht gekommen". Allein die logischen Partikeln „wenn" und „so" sind der ganz eigentliche Ausdruck des hypothetischen Urtheils, also einer Verstandesform, und dieser unmittelbar angepaßt. Wenn eine Sprache solche Formen besitzt, so ist es grosse Thorheit, sie wegzuwerfen, um ein Paar Silben zu ersparen und die Sprache auf den Niveau des nachbarlichen Jargons herabzuschrauben. —

Ein besonderer Wortknappereikniff ist die Weglassung der Konjunktion und, wo das Verständniß des Sinnes diese

---

*) Um nur Wenn und so zu ersparen, winden sie sich wie die Würmer, höchst lächerlich!

heischt: er kommt, in Folge seiner vorzüglichen Dummheit, täglich mehr in Aufnahme. Diese Konjunktionen und und oder werden weggelassen und dadurch der Sinn einer ganzen Periode verdunkelt. —

Die Partikel daß ist ganz aus der Sprache herausgewiesen und darf nicht vorkommen: Statt: er sagte, daß Dies oder Jenes geschehn sei, sagen sie (der Himmel weiß weswegen) allemal wie; als ob nicht daß und wie etwas geschieht sehr verschiedene Dinge wären. Sodann, in anderen Fällen, wird daß durch eine Versetzung der Worte eliminirt: z. B. statt: es schien, daß der Feind heranrücke — „es schien, der Feind rücke heran; wohlzumerken Dies geschieht nicht etwan hin und wieder, sondern durchgängig und überall, oft auf die gezwungenste und die ganze Periode unverständlich machende Weise, — bloß weil es die Silbe daß erspart. — Dazu nun die so erzgemeine Uniformität aller Schreiber und der Unverstand, welcher dabei zu Tage kommt! —

„Die Behauptung als ob" statt daß. —

Auch den Unterschied zwischen als und wie verstehn sie nicht, sondern brauchen Beides promiscue. Als darf nur beim eigentlichen Comparativ stehn: „er ist größer als ich, und so groß wie du."

§. 9.

Unworte.

„Vervortheilung seiner Gläubiger" statt Uebervortheilung. (Postzeit. 15. Juli 1858) — also schafft der Sudler ein Unwort, um einen Buchstaben zu lukriren: so weit geht der Wahnsinn! Die deutsche Sprache ist in Gefahr: ich thue was ich kann, sie zu retten; bin mir aber dabei bewußt, daß ich allein stehe, einer Armee von 10,000 Narren gegenüber. — But what for that?

Ein Darmstädter Landgericht beraumt einen Termin an wegen Klage über „Eheversprnch"! Januar 1859.

Gerichtshöfe citiren die Leute in „Selbstperson", — ein Unwort welches nichts besagt; statt „eigener", d. h. nicht fremder Person. Welche Gerichtshöfe irgend eines Landes in Europa würden wohl ihre Würde so weit vergessen, daß sie mit armsäligen, sprachverhunzenden Litteraten in Ein Horn stießen? —

„Selbstverständlich" ist sinnlos: es müßte wenigstens heißen „von selbst verständlich": hiebei wäre aber (für die Buchstabenknicker) kein Profit. „Selbstredend", im selben Sinne gebraucht, besagt etwas ganz Anderes, nämlich, daß man selbst redet, nicht durch einen Anderen.

„Zuverlässig" wird ersetzt durch verläßlich, — um einen Buchstaben zu erknickern! —

Der Orientalist Graul schreibt (Kural p. 195): „um damit das Reis, das beifallen möchte", statt: um damit das Reiskorn, welches vorbeifallen möchte. —

„Indeß" statt indessen, aus lumpiger Buchstabenknickerei: es steht für unter dessen, während dessen: deß ist gar kein Wort. —

Stets „deß" statt dessen setzt Graul (Kural).

Derselbe, sonst verdienstvolle, aber durch viele abgeschmackte Worte eigener Fabrik sich auszeichnende Orientalist hat eine solche Vokalscheu, daß er das e am Ende eines Wortes stets wegläßt und durch einen Apostroph ersetzt, wenn das folgende Wort mit einem Vokal anfängt. Demnach müßte man z. B. schreiben: „Mein' arm' alt' Amm' aß ein' Auster."

Derselbe schreibt auch (Kural v. 314) „damit bewenden lassen" statt dabei: wenn es nur nicht die Andern sehn! Gleich würden sie es nachschreiben, da es so recht der Sprache ins Angesicht geschlagen ist. —

„Es entfällt" statt es fällt dahin! —

Beanspruchen*) ein so allgemein beliebtes, wie plumpes und unverantwortlich dummes Wort; — „**Vorerst**", sinnlos und von widerlichem Anklang, statt Für's Erste; — und **Einmal** statt Erstlich, also semel statt primum — demgemäß beide in allgemeinem Gebrauch. —

„Die Kasse hat **vereinnahmt**" statt eingenommen: würdiger Pendant zu dem abgeschmackten und daher allgemein beliebten beanspruchen. —

Seither. „**Beglichen**" statt ausgeglichen! ein Unwort! Hab' ich einen Schnitzer Ein Mal gefunden, erblicke ich ihn sogleich überall; weil jeder Skribler dem andern ein Vorbild ist, statt daß er ihm ein Abscheu seyn sollte. —

„**Seither**" ein Unwort: aber Herr Striblerus hat es octroyirt, und Herr Schmieracius hat es kontrasignirt, und die gesammte Gelehrtenwelt respektirt den Befehl. „Zeither (das Richtige) ist ganz verbannt: überall „**Seither**".**)

Längsschnitt — Unwort, statt Längenschnitt; ebenso Längsrichtung.

Der Zoologe Bronn lukrirt eine Silbe dadurch, daß er „**Echse**" statt Eidechse schreibt. Ist nun jenes ein fossil aufgefundenes Wort, oder generatio spontanea? —

„**Best**" statt bestens! — Statt Uebermacht „**Obmacht**"! —

„**Erfund**" statt Erfindung! (Heidelb. Jahrbüch. Bähr.) — Litteratendeutsch! —

---

*) Das plumpabgeschmackte „**beanspruchen**" ist in allgemeine Aufnahme gekommen, bloß weil es eine Silbe weniger hat, als in Anspruch nehmen. —

Daß ein so dummes Wort, wie beanspruchen, in allgemeinen Gebrauch kommen konnte, charakterisirt den Geist unserer Sprachverbesserer und ihrer Nachtreter.

) „Seither**" — ich weiß nicht, welches animal scribax zuerst diesen Schnitzer gemacht hat: aber Beifall und Nachfolge hat er gefunden, wie unter den Latinisten ein Ausdruck des Cicero. „Zeither" ist ganz dadurch aus der Sprache verdrängt und findet sich höchstens bei irgend einem alten, hinter den Fortschritten der Zeit zurückgebliebenen Gelehrten.

„Unterkunft finden" statt Unterkommen: da werden wir wohl bald statt Auskommen „Auskunft" erleben und dieses letztere sehr brauchbare deutsche Wort dadurch aus der Welt gesetzt sehen. —

„Gedenkfeier" statt Gedächtnißfeier: man feiert das Gedächtniß, d. i. die Erinnerung an Einen, nicht das „Gedenk". —

„Vor" statt Bevor; — welches Phrasen giebt, aus denen nicht klug zu werden ist. „Er that es, vor er mir es gesagt." Ueberall sitzt Unverstand und Geschmacklosigkeit am Ruder, um die Sprache zuzurichten. —

Statt „mithin" sohin. Und solche dumme Verbesserung erlauben sich die niedrigsten Lohnschreiber der Journale, der Pöbel der Litteratur.

„Venediger" statt Venetianer. Zeitung.

Statt beständig — „stetig". —

„Seitens", „Betreffs", „Behufs" oder gar „Hinsichts" sind Wortverrenkungen, entsprungen aus nichtswürdiger Buchstabenzählerei; — auf Deutsch heißt es: von Seiten, — im Betreff, — zum Behuf, — hinsichtlich. Dahin gehört auch „Weitaus" statt bei Weitem.*) —

Schreibt ihr, statt anderweitig, — „anderweit", so müßt ihr auch, statt zeitig, — „zeit" schreiben. —

Das Studium brevitatis geht so weit, daß sie dem Teufel den Schwanz abschneiden und statt Mephistopheles schreiben „Mephisto". —

„Dies ist ein Sophismus". Postzeitung v. 19. Mai 1857. Jetzt wird doch Niemand es als Hyperbel nehmen, wenn ich sage, daß unter den Reformatoren der Deutschen Sprache Stiefelputzer sind.

---

*) [Variante:] Statt „von Seiten" — Seitens, ein Unwort (statt abseiten) und statt „im Namen" — Namens geradezu falsch; da dieses auf Deutsch mit Namen besagt. Vor Allem sollten Behörden sich davor hüten, da es Aequivokationen veranlassen kann. Und Alles bloß der schmutzigen, niederträchtigen Buchstabenknickerei zu Liebe.

§. 10.
Falsch gebrauchte Worte.

In der Postzeitung vom 16. Juni 1857 heißt es: „Die Königin war durch die Zeitschrift N. N. auf die Mängel einer Kirche und einer Schule in zwei Gemeinden hingewiesen", — hiebei wird nun Jeder denken, die besagten Anstalten wären fehlerhaft gewesen; — aber aus dem Sinn geht hervor, daß Ermangelung gemeint ist. Daß deutsche Zeitungen elendes, fehlerhaftes Deutsch schreiben, ist alltäglich und keiner Erwähnung werth: aber wir haben hieran ein rechtes Muster-Beispiel und Prototyp der Folgen der Silbenknickerei und Buchstabenzählerei, und darum führe ich es an: denn nicht nur ist etwas Anderes gesagt, als gemeint war; sondern indem jetzt, dieser Sprachökonomie gemäß, zwei disparate Begriffe durch das selbe Wort bezeichnet werden, wird die Sprache der Verarmung entgegengeführt: von zwei Worten, welche sie zur Bezeichnung zweier Begriffe hatte, wird ihr nur Eines, natürlich das kürzere, gelassen, welches jetzt für beide dienen soll, wobei denn der Leser jedes Mal rathen mag, was gemeint sei. Und so verfahren unsre nichtswürdigen Sprachverbesserer in 100 Fällen. —

Ihr Treiben besteht größten Theils darin, daß sie von zwei verwandten Worten das längere ausstoßen und es überall durch das kürzere vertreten lassen, wenn gleich dieses nicht eigentlich das Selbe, sondern nur etwas Aehnliches besagt; — wodurch die Sprache verarmt und die Möglichkeit, einen Gedanken genau und dadurch treffend, scharf und prägnant auszudrücken, uns in vielen Fällen benommen wird. —

Statt Scharfsinn schreiben sie „Schärfe"; als ob nicht die Schärfe und der Scharfsinn eines Urtheils gar weit verschiedene Dinge wären. Aber sie sind nur bedacht, das selbe Wort, bloß weil es kürzer, als die ihm verwandten ist, der Bezeichnung zweier, dreier und mehrerer Begriffe dienen zu lassen; wodurch sie die Sprache theils matt und stumpf, theils durchweg zweideutig machen. Welches Epitheton gebührt ihnen? —

Statt „achtungswerth" schreiben sie, aus niederträchtiger Buchstabenknickerei, „achtbar", welches viel weniger besagt, indem es sich verhält, wie sichtbar zu sehenswerth, und überdies ein Spießbürger-Ausdruck ist. — Sie aber sagen: „wir werfen jedes Wort zur Sprache hinaus, welches durch ein anderes, um 2 Buchstaben kürzeres, wenn dieses auch schon eine andere Bedeutung hat, doch so ungefähr, wenn auch schief und schielend, mit vertreten werden kann": wenn auch dadurch die Sprache immer ärmer und unbestimmter wird; so wird sie dafür auch immer kürzer, am Ende so kurz, daß man gar nicht mehr weiß, was gesagt seyn soll, sondern die Wahl behält zwischen allerlei Bedeutungen. —

„Bedauerlich", statt bedauernswerth, ist falsch: ersteres besagt „was man bedauern kann", wenn man Lust hat; dieses was verdient bedauert zu werden.

„Billig", statt wohlfeil, ist so falsch und gemein, wie es allgemein ist.

„Die billigste Litteraturzeitung ist . . . die 2c." hebt ein Journalartikel an. Danach sollte man glauben, daß die Recensionen mit grosser Billigkeit abgefaßt waren. Er meint aber die wohlfeilste. —

„Koburg wird billiger regiert als Gotha" (Poſtztg.); man meint, das heiße mit Nachsicht, o Nein! es ist gemeint wohlfeiler. „Billig" ist ein moralisches Prädikat, kein merkantilisches. Poſtztg. vom 9. Nov. 1858, Schreiben aus Berlin: „Alle demokratischen Zeitungen begeifern die gefallenen Minister; — es ist so billig jetzt zu schimpfen." — Er will sagen: jam parvi constat conviciari; sagt aber: jam aequum est conviciari. Billig, ausgehend von Krämern: „billige Behandlung der Kunden", und dann wurde die Waare billig: endlich billige Ochsen auf dem Viehmarkt. Billig ist ein durchaus moralisches Prädikat, darf daher bloß von Menschen gebraucht werden. —

Alle setzen stets „nothwendig" (necessarium, necesse est) statt nöthig (opportet, opus est); nothwendig bezieht sich (als Wirkung) auf die causa efficiens; nöthig auf die causa finalis. —

„Maaßnahme" statt Maaßregel. Maaßnahmen — sind was der Schneider vornimmt, wenn er mir Hosen anmißt; Maaßregel ist der leitende Grundsatz, nach dem verfahren werden soll. —

„Die Wärmebildung des Körpers", falsch und sinnlos, statt Wärmeerzeugung (Centralblatt). Ibidem: „von Physiologie habe ich nichts gefunden außer das Wort" grober Schnitzer statt: ausgenommen.

Statt Begriff, Ansicht, Meinung u. dgl. durchgängig das affektirte, gespreizte und ekstatische „Anschauung". —

In der Postzeitung, Decemb. 22., 1859 heißt es: „ob er, Hr. P. die Aechtheit der Anlage zu verabreden vermöge": also „verabreden" statt in Abrede stellen! mithin inter se convenire, statt negare! also völligen Unsinn schreiben, um zwei Silben zu lukriren! —

Statt zeitweilig schreibt Einer zeitig, welches aber reif bedeutet. —

„Ein unweit anziehenderes Gemählde" (Gött. Gel. Anzeigen, Septbr. 1858) statt ungleich: unweit bedeutet nahe. Aber dies ist die heutige Sitte: jeder Skribler schreibt das Wort hin, welches ihm gerade durch den Kopf fährt, — mag es die hier nöthige Bedeutung haben, oder nicht. Der Leser mag rathen, was gesagt seyn soll. —

„Beiläufig" (i. e. obiter, en passant) statt ungefähr (circiter, à peu près). — „Umfänglich" statt umfangsreich: ist das Gegentheil, indem es besagt „was sich umfangen läßt". —

„Sorglich" statt sorgfältig, von Sorgfall: jenes von Sorge, wie auch besorglich, Besorgniß. — Aber nur Silben ausmerzen, unbekümmert darum, daß dadurch die Sprache um viele Worte verarmt, dies ist der Geist unsrer Sprachverbesserer. —

Statt niedrig schreiben sie „nieder", aus niederträchtiger Lumpacivagabundenbuchstabensparsamkeit: — aber nieder führt den Begriff der Bewegung mit sich: der Stein fällt nieder, das Thal liegt niedrig. —

„Er sitzt nieder", statt „setzt sich nieder", um eine Silbe zu ergaunern, ist gerade so ein Schnitzer, wie wenn man Lateinisch sedēre statt sidēre schriebe. Aber auch statt niedrig sind sie dreist genug nieder und statt übrig — über zu setzen. Dazu machen sie gar noch den Superlativ: der niederste! (Heidelberger Jahrbücher.) Nieder ist Adverbium, niedrig aber Adjektiv.

Sie schreiben „über" statt übrig; „überbleiben" (Graul).

Einer schreibt (Zeller) „Abschätzig" statt geringschätzig; und bedenkt nicht, daß abschätzen taxiren bedeutet: die niederträchtige Buchstabenzählerei macht sie blind gegen Alles. Ueberhaupt bedenkt sich Keiner bei der Sprachverbesserung; sondern Jeder schreibt hin was ihm eben durch den Kopf fährt, sobald er nur an den Fingern die Buchstaben abgezählt hat. — So oft man (wie jetzt täglich geschieht) Ein Wort die Stelle zweier vertreten läßt, die bis dahin 2 verschiedene Begriffe bezeichneten, verarmt die Sprache. —

Ich kann dies „allein" statt selbst. —

Statt „in der Kürze" (ut brevi dicam) „kürzlich" (nuper). Gött. gel. Anz. Sie schlagen die Sprache in Trümmern, wenn es gilt eine Silbe zu lukriren. —

„Einig" (concors) statt einzig (unicus) und statt einfach (simplex). —

Statt daselbst setzt Einer bloß „da", und zwar so, daß der Leser zuerst quum statt ibi verstehn muß. —

Statt „Stelle" „Platz" — greift um sich. — Statt

„verdorben" „verderbt"! Bloß aus Buchstabenzählerei. Schreibt doch auch gesterbt statt gestorben! —

„Ich fühle mich bewogen, diese Weise der Beurtheilung **nur** auf das Freudigste anzuerkennen". (Marggraf, litt. Blätter, August [1858]).

bloß = pure, only
nur ist tantummodo. —

Sprachverderbniß ist allemal ein sicheres Zeichen der Degeneration der Litteratur eines Volkes. Möchte doch der Unverstand sich irgend einen andern Tummelplatz suchen, als die deutsche Sprache! Denn nirgends ist das von ihm gesäete Unkraut so schwer, ja fast unmöglich auszurotten, wie hier, wo es nachmals sich an das Spalier der Gewohnheit klammert. Die impotenten Langbärte dieser erbärmlichen Nützlichkeitszeit drohen die deutsche Sprache auf immer zu verderben.

Sie schreiben ständig statt beständig: dann müssen sie auch Stand statt Bestand schreiben.

Statt „gegenwärtig, einstweilen, jetzt, zu jetziger Zeit" schreiben sie, höchst lächerlicher Weise, stets augenblicklich, und zwar thun sie es Alle, Einer dem Andern nach. Und dies ist die Schande. Denn wenn irgend ein Einzelner dergleichen grammatikalische und orthographische Idiotismen oder Solöcismen auf eigene Hand begienge; so wäre es eben seine Grille und er behielte doch die Würde der Originalität. Aber die bereitwillige, eifrige, allgemeine Nachahmung jedes hirnlosen Schnitzers ist das Herabwürdigende des Treibens. Diese allgemeine Einstimmung, dieses Chorusmachen bei jedem neu erfundenen Schnitzer ist eben das Verächtlichste. Denn die blinde Nachahmerei ist überall das ächte Stämpel der Gemeinheit: der grosse Haufe, der Plebs, wird fast in allem seinen Thun ausschließlich durch Beispiel geleitet und wird durch Nachahmung, wie das Automat durch Räder bewegt. — Eine besonders lächerliche Folge jenes Mißbrauchs des Wortes augenblicklich ist, daß wenn sie nun ein Mal im Ernst augenblicklich meynen; dann sagen sie „im Nu": ein Wort aus der Kinderstube. Eine sehr ästhetische buchstabensparende Verbesserung desselben ist „augenblicks", welches ich, statt „jetzt", wirklich gefunden habe: da es klingt wie Blix (Blitz), wird es figurativ und dadurch äußerst schön und nachahmungswürdig.

§. 11.
Proskribirte Worte.

Index verborum prohibitorum. Worte, die im Verschiß sind und Keiner anrühren darf: gewiß; — zugleich; wenn — so —; welcher, welche, welches; — daß ([dafür] „wie"); — allein („einzig"); — im Stande seyn („in der Lage"); — bei Weitem („weitaus"); — ferner („weiter"); — beinahe („nahezu", (Postztg.) sogar „nahebei" statt beinahe, Leipz. Repert., also das richtige beinahe auf den Kopf gestellt, ohne Profit, bloß um nicht Deutsch, sondern Litteratenjargon zu reden.) Ausgenommen („außer") — auch wo es Unsinn schafft. Ungefähr („etwa" oder „beiläufig": Beides falsch). Bezeichnen („kennzeichnen"). Alle Perfekta und Plusquamperfekta: Wir setzen überall das Imperfekt: Sinn oder Unsinn —! Gleichviel! wir zählen die Silben. —

Statt „ausgenommen Die, welche u. s. w." schreiben sie (so unglaublich es scheint) „außer Die, welche", — machen also einen sackgroben Schnitzer, um 2 Silben zu ersparen.*) Wollte ein Engländer, ein Franzos, ein Italiäner etwas diesem Analoges probiren, — so würde er

---

*) [Variante:] Statt „ausgenommen" stets „außer", z. B. „außer es wäre der Wille des Kaisers"; welches oft Unsinn liefert, indem man foris oder extra versteht, wo excepto gemeint ist. Dem analog schreiben sie statt seitdem bloß „seit"; z. B. „seit die Buchdruckerei erfunden ist" — ein Schnitzer.

Spießruthen zu laufen haben. Aber bei den Deutschen geht es herunter.

Man nehme dazu, daß unter allen jetzigen deutschen Schriftstellern kein einziger ist, dessen Schriften sich eine Dauer auch nur von 50 Jahren versprechen können: und diese Menschen sind es, die ihre Tatzen in die Sprache drücken zum unauslöschlichen Andenken! —

Zu den proskribirten Worten gehören „gewiß" und „zugleich"; was sie gesündigt haben, weiß ich nicht. Schönes Beispiel: „Die Armeereduktion wird als sicher betrachtet": — Dies besagt auf Deutsch, daß sie ohne Gefahr sei; — der Schreiber meint „gewiß". —

Was das Wort Zugleich (ὁμοῦ, simul) unsern Stribler gethan hat, weiß ich nicht: es ist aber verfehmt und wird, ohne Ausnahme, durch Gleichzeitig vertreten.

Ich nenne sie ohne Umstände Skribler, obwohl ich sehr wohl weiß, daß ihrer wenigstens 10000 sind: das intimidirt mich keinen Augenblick: der Pöbel war stets zahlreich, muß aber nichts destoweniger als solcher behandelt werden.

So springt denn Jeder mit der Sprache um, wie es ihm beliebt und zur Reform derselben hält kein Tropf sich für zu gering. — Und wenn ich gegen 10000 Skribler ganz allein stehe (wie es den Anschein hat); so will ich die Hundsfötterei, die mit der deutschen Sprache getrieben wird, nicht ungezüchtigt lassen.

§. 12.

Substituirung des Imperfekts für jedes Präteritum.

Die Substituirung des Imperfekts für jedes Präteritum verdient als eine Infamie gebrandmarkt zu werden. Es ist geradezu infam, eine Sprache dadurch zu verstümmeln, daß man ihr das Perfekt und Plusquamperfekt raubt; und Dies bloß um ein Paar Buchstaben zu lukriren! Erbärmliche, lumpige Knicker und unvernünftiges Vieh! —

„Nur ein Präteritum: das Imperfekt! und nur eine Präposition: für! An ihnen haben wir zwei Surrogate aller übrigen." Dies ist die Losung unserer scharfsinnigen Sprachverbesserer. —

Das Imperfekt heißt so, weil es die Handlung bezeichnet, die noch im Fortschreiten, noch nicht vollendet ist: also soll man es nicht von vollendeten und abgethanen Handlungen gebrauchen. —

Daß der Gebrauch des Imperfektums statt Perfektums und Plusquamperfektums der Logik vor den Kopf stößt, beruht darauf, daß er das Vollendete und Abgethane als ein Unvollendetes und jetzt Geschehendes ausspricht; wodurch denn, im fernern Kontext, Widersprüche, ja Unsinn entsteht. —

Ist erwartet, statt wird: ersteres wäre bloß nachdem er angekommen richtig. —

Die Wortbeschneidungswuth ist allgemein: das weiß ich: aber ihr sollt wissen, daß das Allgemeine dem Gemeinen gerade so nahe verwandt ist, wie beide Worte es einander sind: daher man vor der Allgemeinheit keinen Respekt haben soll, — vielmehr das Gegentheil.

„Wenn wir nur ein Paar Buchstaben lukriren, — da mögen Grammatik, Logik und Menschenverstand zum Teufel fahren!" —

Die Vollkommenheit einer Sprache besteht darin, daß in ihr jeder Gedanke genau und deutlich, mit allen seinen Nüancen und Modifikationen, sowohl auf grammatischem, als lexikalischem Wege, ausgedrückt werden kann. Diese Vollkommenheit der deutschen Sprache zu rauben ist die Legion unserer hirn- und geschmacklosen Verballhorner derselben bemüht, mittelst Elimination ganzer temporum (Perfekt, Plusquamperfekt, 2tes Futurum), Wegschneidung der Präfixa, Suffixa, Affixa, Substituirung des kürzeren

Worts für das richtige, sinnlose Zusammenkleisterung zweier Worte, und was dergleichen Streiche mehr sind, welche zwar wenig Verstand, aber viel Dummdreistigkeit erfordern. Läßt man sie walten, so wird die deutsche Sprache ein ärmlicher Jargon, wie die übrigen Europäischen Sprachen schon sind, — und der Verlust ist unersetzlich. —

Die Aufgabe jedes Schreibenden ist, daß der Gedanke, den er mitzutheilen hat, in den Worten wirklich und objektiv ausgedrückt sei; nicht aber, daß man ihn allenfalls daraus errathen könne: das Werkzeug dazu ist die Sprache in ihrer ganzen grammatikalischen und lexikalischen Vollkommenheit: diese aber eben suchen unsre Buchstabenzähler zu unterminiren, — und dünken sich klug dabei!

Und wenn sie nun auch mittelst aller Schliche, Pfiffe und Kniffe im Gebrauch falscher tempora, Auslassen zweckdienlicher Worte, Abknappen der Silben und Ausmerzen der Buchstaben, aller Grammatik und Logik zum Trotz, dem Leser zur Erschwerung des Verständnisses, dem guten Geschmack zum Hohn, — es wirklich dahin bringen, daß auf der Seite eine ganze Zeile erspart wird; — ist denn dieser Profit jene schweren Opfer werth? — Vielleicht ist in unsrer Gelehrten-Republik noch so viel Menschenverstand vorhanden, um hierüber richtig zu urtheilen.

§. 13.
Auxiliarverba.

Der seines geistigen Werthes sich bewußte Schriftsteller wird mit aisance schreiben und, in Hinsicht auf Partikeln, Silben und Buchstaben, sogar eine gewisse Liberalität zeigen, also keineswegs das Auxiliarverbum unterschlagen, oder „selbstverständlich" schreiben, sondern „es versteht sich von selbst": denn er weiß, daß der geistige Gehalt jeder seiner Periode jedenfalls hinreicht, sie auch in extenso auszufüllen;*) aber auf den deutlichen und vollendeten Ausdruck desselben wird er desto mehr bedacht seyn. — Hingegen der Skribler schreibt, mit dumpfen Bewußtseyn, seine aus schwankenden, unentschiedenen Ausdrücken und eingeschachtelten Perioden zusammengesetzte Phrase hin, und merzt nachher alle ihm entbehrlich scheinenden Auxiliarverba, Partikeln, Silben und Buchstaben aus, im Wahn ihr dadurch Koncision und Energie und specifisches Gewicht zu ertheilen. Eine eingerissene Verhunzung der Sprache ist ein chronisches Uebel, welches nachher sehr schwer zu kuriren ist; wird es aber nicht kurirt, so findet der später kommende, wirklich denkende Schriftsteller das Material zum Ausdruck seiner Gedanken verdorben vor. —

Was, in aller Welt, haben die Auxiliar-Verba (bin, ist, war, sind, haben, hatten) verbrochen, daß sie ausgelassen und übersprungen werden? — Der Leser muß sie, nothwendigerweise, aus eigenen Mitteln hinzufügen, und da Dies einige Ueberlegung erfordert, nimmt es 10 Mal mehr Zeit weg, als das bloße Lesen derselben. Also bloß auf die kostbare Quadratlinie Papier ist es bei dieser Oekonomie abgesehn. —

„Er ist gestanden, auch gelegen": ein grober, hauptsächlich in süddeutscher Schreiberei grassirender Schnitzer. —

„Er ist gestanden! auch „gelegen"! sehr häufig: auch finde ich: „in seinem Plan gelegen gewesen war", statt: „hatte". (Nürnberger Korrespondent.) Solche grobe Schnitzer würde man in keiner andern Europäischen Sprache durchgehen lassen.

---

*) Er wird Das, was er zu sagen hat, werth halten ganz und vollständig ausgesprochen zu werden; also nicht darauf bedacht seyn, hier ein Wort, dort eine Silbe, dort einen Buchstaben zu unterschlagen. Wie wenig Gehalt und Gewicht muß man doch seinen Gedanken beimessen, um zu meynen, sie könnten nicht das volle Quantum der ihnen entsprechenden Worte und Silben ausfüllen und tragen. —

Ein Gedanke muß des Raumes werth seyn, den sein Ausdruck einnimmt, ohne daß dieser verkürzt und dadurch verstümmelt zu werden braucht.

§. 14.
Kakophonien.

Gegen Kakophonien sind sie so unempfindlich, wie Amboße, stopfen daher gern so viele Konsonanten, wie nur irgend möglich, auf einander, und am liebsten solche, die sich zusammen kaum aussprechen lassen: z. B. statt Beleuchtungsdienst — „Beleuchtdienst". — Wenn sie nur wüßten, wie die deutsche Sprache klingt, in den Ohren Dessen, der sie nicht versteht und deshalb den Klang allein hört! — Ich weiß es. —

Ohr zerreissende und maulverzerrende Härten: „Felsgurt, Felsring, Felswand, Felsgrund" und statt Langeweile „Langweil". —

Man sollte so einen Buchstabenknicker daguerrotypiren, während er Langweil ausbellt, um zu sehn, wie die gehäuften Konsonanten sein thierisches Maul verzerren. —

Gemsjagd, Felswand, freudlos: die weggelassene Silbe bezeichnete den Genitiv: zudem fühlen die Herrn Dickohr & Comp. nicht, daß das weggelassene n als liquida die Stelle einnehmen kann, welche der gewöhnliche Konsonant kakophonisch macht. —

Die Kniffe und Schliche, zu welchen unsre Druckschreiber greifen, um eine einzige Silbe zu ersparen, sind oft belustigend z. B. statt „es scheint, daß er vergessen hatte" schreibt so Einer: „er hatte, scheint's vergessen", ohne daß die Kakophonie scheint's sein dickes Ohr verletzte.

Die Wurzel des Uebels ist, daß unsre Sprachverbesserer nicht eigentlich und ordentlich das Latein inne haben, denn bloß durch Lateinschreiben lernt man Respekt vor der Sprache haben, den Werth und Sinn der Worte erwägen (mit dem Latein läßt sich nicht so umspringen). Latein lernen heißt die menschliche Sprache überhaupt kennen lernen. —

„Menschthum" statt Menschenthum ist wie Gemsjagd,

Felswand u. s. w. Sie eliminiren die liquida; was man nicht sollte: denn die liquidae können zu andern Konsonanten gesetzt werden, ohne eine Kakophonie zu verursachen: daher sagten unsere Vorfahren „Sunderzoll"; während unsere Hartohren sonder Schonung Sundzoll sagen. —

„Raubhorden" statt Räuberhorden: Ritter. „Friedbruch" statt Friedensbruch, so falsch wie kakophonisch. — Item „Friedensstand" statt zustand; „Farbfläche". —

Zu dem schon Gesagten über Gemsjagd*), Felswand u. s. w. habe gefunden Folgendes: Deutschorden statt deutscher Orden (Gött. gel. Anzeigen). — Ueberdies aber ist die Anhäufung der Konsonanten zu vermeiden, oder wenigstens durch die Liquidae zu versetzen, in euphonischer Absicht. Dies haben unsre Vorfahren, als welche Ohren hatten, durchgängig beobachtet: z. B. sie schrieben nicht, wie erst seit ungefähr 20 Jahren geschieht, Sundzoll, nach Analogie von Elbzoll, Rheinzoll, sondern Sunderzoll, ebenfalls Felsenwand, Gemsenjagd. Ihre Nachkommen scheinen keine andre, als gewisse allegorische Ohren zu haben;**) so gefühllos sind sie gegen jede Kakophonie und können nicht Konsonanten genug zusammenhäufen, um sie mit Verzerrung ihrer thierischen Mäuler auszusprechen. Den Klang einer Sprache hört eigentlich nicht wer sie versteht: denn seine Aufmerksamkeit geht augenblicklich und nothwendig vom Zeichen zum Bezeichneten über, dem Sinn. Daher weiß nur wer, wie einst ich, das Deutsche nicht verstanden hat, wie häßlich diese Sprache klingt, die daher zum Singen die untauglichste ist: er wird demnach sich wohl hüten, ihre Kakophonien, durch Ausmerzen der Vokale oder der Liquidarum, zu vermehren. Welche Opfer haben doch die Italiänische und die Spanische Sprache der Euphonie gebracht!

---

*) (man müßte dann auch sagen „Haasjagd").
**) [Variante:] Sie haben keine Ohren, sie haben keine Ohren, unsre Silben- und Buchstabenknicker! — es wären denn allegorische.

§. 15.

Gallicismen.

Seitdem die Gesetzgebung den Buchhandel gegen Nachdruck geschützt hat, ist Schriftstellerei geworden was sie nie seyn sollte, ein Gewerbe, — ja, man möchte sagen ein Handwerk, welches allein dadurch florirt, daß das Publikum nur das Neue, wo möglich das heute Gedruckte lesen will, in dem dummen Wahn, daß es das Resultat alles Bisherigen sei, in Folge wovon es, statt der Schriften denkender Geister, oder wahrer Gelehrten, das Gesudel unwissender und gemeiner Buchhändlerlöhnlinge liest. Und diese Menschen sind es, welche jetzt die Sprache reformiren.

Da ihre einzige Sprachkenntniß ein wenig Französisch ist, zum Zweck der Zeitung, so erfüllen sie die Sprache mit Gallicismen, die sie dann immerfort im Maule haben: dergleichen sind „Tragweite", i. e. la portée; „Rechnung tragen", tenir compte; „gegenüber", vis à vis de, statt: in Hinsicht auf. Die schmählichsten Gallicismen sind aber die grammatikalischen. —

Zu den Gallicismen gehören:

Von, als Ablativ statt des Genitivs. — Ist das Französische de. Dito statt aus: Z. B. von Berlin.

„Von" ist für sie die Uebersetzung des Französischen de und kann daher überall im Deutschen stehn, wo dieses im Französischen. Nun aber muß in diesem bettelhaften romanischen Jargon das de so wohl den Ablativ, als den Genitiv versehn; weil nicht, wie im Italiänischen, jener durch da, dieser durch di ausgedrückt wird: das Französische ist aber im Stillen doch ihr beau ideal: daher wird nun im Deutschen der Genitiv durch von ausgedrückt, obgleich von im Deutschen unwiderruflich den Ablativ bezeichnet, wie da im Italiänischen; der Genitiv aber durch „des, der, des", und die Flektion zu bezeichnen ist, wie durch di im Italiänischen: außerdem man schnitzerhaft schreibt, und zwar wie ein französischer Bedienter, der Deutsch gelernt hat.*)

Für, pour, pour, pour, alle Präpositionen vertretend. Par[erga] II bei 438.

„Dieser Mann, er ist", — statt der Mann ist.

„Wenn er Dies thäte, er wäre verloren" statt: so wäre er verloren.

Widerliche Gallicismen: „in der Straße". Straße ist via strata, also das Pflaster: daher auf der Straße. Aber dies wissen die Unschuldigen nicht, da sie kein Latein verstehn; wohl aber daß es heißt: dans la rue, — welche Kenntniß sie auch zeigen möchten. — Schändlicher Gallicismus: „er hatte Furcht". Desgleichen das zum Ekel täglich wiederholte „Rechnungtragen": tenir compte; statt berücksichtigen, in Anschlag bringen u. s. w.**) Ebenso allbeliebt: „Die Tragweite" la portée; ist Gallicismus und dazu ein Kanonierausdruck, den man nur in besondern Fällen gebrauchen sollte, statt ihn bei jeder Gelegenheit aufzutischen. — Imgleichen „Früchte" statt Obst: es ist ein Vorzug, den die deutsche Sprache vor allen andern hat, daß sie die roh zu genießenden Früchte mit einem besondern Ausdruck bezeichnet und dadurch den Begriff derselben aussondert, wodurch die Rede sogleich bezeichnender und bestimmter wird: aber unsre Skribler duseln am liebsten im Nebel des Allgemeinen. Hingegen hat es mit dem Aufnehmen fremder Ausdrücke keine Noth: sie werden assimilirt. Aber gerade gegen diese wenden sich die Puristen.

---

*) Sodann haben sie (und zwar ganz allgemein, vielleicht ohne Ausnahme) den dummen Aberglauben, daß man nicht 2 Genitive hinter einander setzen dürfe; sobald daher schon einer dasteht, fahren sie mit einem falschen Ablativ hinein, oft allem Menschenverstand zum Trotz. 20 Genitive kann man hinter einander setzen, und geschieht's in allen Sprachen: τοῦ τοῦ τοῦ.

**) [Variante:] „Rechnung tragen" (drei Mal auf jeder Seite, statt in Betracht nehmen, in Anschlag bringen, berücksichtigen u. dgl.) ist nicht bloß ein Gallicismus, sondern eine plumpe an sich und unmittelbar sinnlose Uebersetzung des tenir compte.

— Sie schreiben statt Appellation „Berufung": falsch! müßte heißen „Anrufung": wollt ihr deutsche Michel seyn, so versteht wenigstens Deutsch.*) Aber Postzeitung 28. Octobr. 1858 sagt: „Die Berufung Proudhous an den Kaiserl. Gerichtshof wird zur Verhandlung kommen" — da muß man denken, er wäre als Beisitzer des Gerichtshofs berufen: — er ist der Delinquent und hat appellirt! —

Andrer Gallicismus: „Diese Leute, sie sind. — Die Sammlung besteht in" statt aus (en). — „Italiänisch wissen" statt können. — Ich habe gefunden: „sie hatten Furcht". Was würde man in Frankreich sagen, wenn Einer schriebe: ils se peuroient.

§. 16.
Stil und Perioden.

Ich habe hier bloß die Sprachfehler berücksichtigt und rede nicht von den bloßen Stilfehlern, welche die allgemeine Monomanie der Sprachabkürzung herbeiführt: da werden, wenn es gilt, 2 Worte zu ersparen, die verschränktesten, verrenktesten, peinlichsten und unverständlichsten Perioden zusammengesetzt, über deren Sinn nachmals der Leser brüten mag.**)

Nur denke man nicht, daß dieses Sündenregister komplet sei: behüte der Himmel! da müßte es 3 Mal so lang seyn.

---

*) [Variante:] Statt Appellation schreiben sie Berufung. Wer deutschmicheln will, sollte wenigstens Deutsch verstehn: es müßte heißen Anrufung. Berufung ist die eines Beamten zu einer Stelle.

**) [Variante:] Ich habe hier bloß die eigentlichen Sprachfehler und Wortverhunzungen gerügt. Außer diesen aber begegnet man überall einer Menge Stilfehler der ungeschicktesten Art, indem durch Auslassung nothwendiger Worte, oder Wahl eines kürzeren, statt des rechten, ein überaus holperiges und schwer verständliches Geschreibe zusammen kommt, — augenscheinlich bloß im Dienst jener Monomanie, die Alles, Logik, Grammatik, Anstand, Grazie, Wohlklang mit Füßen tritt, um eine Silbe weniger zu setzen. Dies ist der beabsichtigte Triumph! O, ich soll mich aller zoologischen Gleichnisse enthalten!

Denn mit der größten Leichtfertigkeit und Zügellosigkeit springt jeder Sudler mit der Sprache um, nach seinem Kaprice, und was gegen keine andere Sprache in Europa erlaubt wäre, ist es gegen die deutsche. —

Der Erfolg dieses Treibens ist, daß es, in deutscher Schreiberei, mit der Schwerverständlichkeit und Stumpfheit der Perioden immer ärger wird: oft weiß man gar nicht was der Schreiber sagen will; — bis man entdeckt, daß der Lump, um ein Paar Silben zu ersparen, Worte ausgelassen und seine Phrase gänzlich verrenkt und verhunzt hat.

So ein deutscher Schreiber nobler „Jetztzeit" denkt, vorkommenden Falls, gar nicht, wie doch sein Englischer, Französischer oder Italiänischer Kamarad, hinsichtlich ihrer Sprache, unfehlbar thun, darüber nach, ob was er jetzt eben hinsetzen will auch richtiges Deutsch, ja ob es überhaupt Deutsch sei: bewahre! solche Sorgen kennt man nicht mehr; ejusmodi nugas philosophus non curat, sondern jeder tintenklexende Lohnbube ist Herr und Meister über die Sprache, modelt und macht sie nach seiner Grille und seinem Halbthier-Belieben. Oder, regt sich etwan eine Skrupel, so erinnert [er] sich, daß ein andrer Sudler seines Gleichen ja so geschrieben hat: der ist ihm Cicero und Sallust. (Denn an der schleunigen und allgemeinen Nachahmung, die jeder Schnitzer findet, sieht man, daß sie sich gegenseitig bewundern.)*) So schreibt er z. B. „gedanklich" ein von ihm extemporirtes Wort, dessen Sinn er uns zu rathen giebt u. a. B. m. —

Man fühlt sich versucht, gelegentlich ein Paar Buchstaben, oder Silben, mehr zu setzen, als nöthig wäre; — um nämlich seine Verachtung der niederträchtigen Buchstabenzählerei an den Tag zu legen, in Folge deren alle Schönheit, alle Grazie und behagliche Leichtigkeit aus dem Deut-

---

*) Ich weiß nicht, welcher Ignorant zuerst aus Anlaß geschrieben hat, — sondern nur, daß dieser grobe Schnitzer alsbald enthusiastischen Beifall und Nachahmung fand ꝛc. (Jetzt schreiben Einige „in Anlaß"!)

schen Vortrage gewichen ist, indem der Schreiber auf nichts
Anderes als die Ersparniß einer Silbe oder eines Buch=
stabens bedacht ist. Dann aber auch weil diese Skribler
die Alten, diese ewigen Vorbilder des schönen und graziosen
Stils nicht lesen und nicht lesen können. An der unglaub=
lichen Schnelligkeit, mit welcher jeder neu ersonnene Sprach=
schnitzer in Umlauf kommt und, ehe man noch vom ersten
Schreck über ihn sich erholt hat, uns schon aller Orten ent=
gegenstarrt, sieht man was unsre Skribler lesen, nämlich
nichts Anderes, als das so eben frisch Gedruckte: das ist
ihre einzige Lektüre. Darum denken sie und schreiben sie
Einer genau so, wie der Andere. —

Zum Erstaunen ist die Schnelligkeit, mit welcher die
Sprachschnitzer sich einbürgern; kein selbstständiges Urtheil,
Kenntniß, gesunder Sinn, Geschmack, die ihnen entgegen=
träten: nirgends. Kaum durch irgend einen Querkopf in
die Welt gesetzt, wuchern sie überall, von allgemeinem Bei=
fall begleitet. Kaum habe ich mich über einen Schnitzer
entsetzt; so starrt er mir bereits aus jedem Buch, das ich
aufmache, entgegen. Diese allgemeine, begeisterte Aufnahme
und Nachahmung des Falschen und Abgeschmackten ist wirk=
lich ein entsetzliches Symptom. Von den Schreibern dieses
Zeitalters wird nichts auf die Nachwelt kommen, als bloß
ihr Sprachverderb; — weil dieser sich forterbt, wie die
Syphilis: es sei denn, daß es noch ein Häuflein denkender
und verständiger Gelehrter gebe, der Sache bei Zeiten Ein=
halt zu thun. Wenn dies so seinen Fortgang hat, so wird
man Ao. 1900 die deutschen Klassiker nicht mehr recht ver=
stehn, indem man keine andere Sprache mehr kennen wird,
als den Lumpen=Jargon nobler „Jetztzeit", — deren Grund=
charakterzug Impotenz ist. Weil sie nichts Anderes können,
wollen sie die Sprache verhunzen. —

Statt „dieses, jenes, welches" allemal das: dies giebt
dem Stil eine gewisse gemüthliche Bierstubennaivetät, die
ihnen zusagt. — Man soll stets, soweit der Gegenstand [es

zuläßt] in einem edlen Tone schreiben; wissend daß man zum Publiko redet und nicht zu seinen eigenen Gevattern. —

Eine allgemein beliebte Ungezogenheit — Beispiele erläutern bekanntlich eine Sache am besten — ist zu schreiben, wie ich jetzt geschrieben habe, also Eines dem Leser zu sagen anfangen und dann, sich selber in die Rede fallend, etwas Anderes dazwischen sagen. Man findet sie überall 3 Mal auf jeder Seite. Sie glauben vielleicht, ihrem Stil dadurch Lebendigkeit zu ertheilen. Dazu gehört mehr. — Beim Sprechen ist Dergleichen verzeihlich: aber wer schreibt, und zwar für das Publikum, soll zum Voraus seine Gedanken geordnet haben und sie in gehöriger Folge vortragen. Zudem giebt Jenes die widerliche Illusion einer Mittheilung, von einem Menschen, mit dem man nicht reden möchte. — Statt eurer Gedankenstriche — — macht lieber ehrliche Parenthesen, wenn ihr nicht im Stande seid, eure Gedanken geordnet vorzutragen.*) —

Eine Periode mitten durchzubrechen, um in die Lücke etwas nicht zu ihr Gehöriges einzuschieben, ist eine offenbare Ungezogenheit gegen den Leser, welche jedoch unsere sämmtlichen Schreiber sich alle Augenblick erlauben, weil sie ihrer Nachlässigkeit, Faulheit und Unbeholfenheit bequem ist: sie dünken sich dabei leicht, tändelnd, in angenehmer Nachlässigkeit. —

Was kann absurder seyn, als den guten Stil, den gehörigen Ausdruck, die Deutlichkeit, oder gar den Sinn einer Phrase Preis zu geben oder zu verkümmern, um ein Paar Silben zu ersparen. Nicht ein Mal den Wohlklang der Phrase soll man dafür hingeben. —

---

*) [Variante:] Es ist so schlecht und impertinent, wie heut zu Tage allgemein, — Beispiele werden jegliche Sache stets am besten erläutern — so zu schreiben, wie ich soeben geschrieben habe. Diese sogenannten Gedankenstriche, sonst nur Lückenbüßer für Gedanken, sind hier verschämte und daher auf dem Bauch liegende Parenthesen. Wer zum Publiko spricht soll vorher überlegt haben, was er sagen will und seine Gedanken geordnet haben u. s. w.

Nicht durch Weglassung von Buchstaben und Silben, sondern von unnöthigen Bei- und Zwischensätzen soll man nach Kürze streben.

Nachdem man, durch alle diese Streiche und Verwegenheiten, [§§. 1—16] sich gewöhnt hat, mit der Sprache umzuspringen, wie es beliebt und gefällt, wie mit einem herrenlosen Hunde; so gelangt man dahin, Sprachverbesserungen, die nicht den Zweck der Abkürzung und Buchstabenersparniß haben, aus blossem Muthwillen vorzunehmen: weil man nämlich an neuen Gedanken total bankrott ist, will man neue Worte zu Markte bringen, bloß um dadurch seine Originalität an den Tag zu legen.*)

Leistungen dieser Art sind z. B. folgende:

Durchgängig liest man Ansprache statt Anrede: aber Ansprechen ist etwas Anderes als bloß Anreden: es trägt nämlich den Begriff des Bittens in sich, ganz wie appellare: Anreden ist bloß alloqui. Hiebei ist keine Buchstabenersparniß; sondern bloß weil sie nicht gewöhnliche Worte gebrauchen wollen: ein grober Irrthum! Ungewöhnliche Gedanken in gewöhnlichen Worten, Das ist die Sache; nicht umgekehrt. —

„Unbill" statt Unbild ist gerade wie im 1sten Decennio dieses Jahrhunderts ein Schriftsteller (Prof. Schütz?) „ungeschlachtet" statt ungeschlacht schrieb, worüber damals Goethe herzlich gelacht hat. —

„Würde er kommen" statt „käme er" ist Deutsch, wie „wenn er kommen thun sollte". Die Postzeitung vom

---

*) Manche von ihnen eingeführte neue Worte geben nicht ein Mal eine Buchstabenersparniß; sondern haben sich bloß eingefunden, weil unsere Schriftsteller doch gern etwas Eigenes haben möchten, und da sie mit eigenen Gedanken nicht dienen können, bringen sie eigene Worte. —

Man soll so wenig wie möglich neue Worte einführen; hingegen neue Gedanken so viel wie möglich: sie aber halten es umgekehrt.

17. August 1857 schreibt: „Würde früher bekannt geworden seyn, daß" u. s. w. statt: „wäre früher bekannt geworden, daß", und obendrein wird dieser Schnitzer auf Kosten der sonst so leidenschaftlich geliebten Silbenknickerei gemacht. „Wenn er dies thun würde", statt thäte. (Götting. Gel. Anzeigen!) Sie thun es also aus reiner uneigennütziger Liebe zum Falschen, Verkehrten, Schleppenden und Abgeschmackten. Mit würde darf eine Periode nur dann anheben, wenn sie entweder eine Frage ist, oder das Verbum passive steht: daher kann man sagen: „würde er getödtet", aber nicht: „würde er sterben", sondern „stürbe er".*) Aber Keiner bedenkt sich bei so etwas; sondern sein Universalargument ist: „hat doch Gevatter Hinze so geschrieben; also ist's Recht, daß ich, Kunze, auch so schreibe." Handeln aus Beispiel, aus Nachahmungstrieb, — Stämpel der Gemeinheit! — Auffallend ist ein aus seiner Etymologie leicht verständliches Wort: „auffällig" besagt nichts und ist wie wenn man statt frappant frappeux sagen wollte; aber in Folge seiner besondern Albernheit hat es Gunst gefunden und auffallend gänzlich verdrängt.**) —

Die Wurzel des Uebels ist, daß die meisten Schriftsteller Litteraten, d. h. Schriftsteller von Profession sind, welche ihr tägliches Brod durch ihr tägliches Schreiben verdienen. Da muß nun der sehr kleine Vorrath ihrer Kenntnisse und der noch kleinere ihrer Gedanken immerfort herhalten, wieder aufgewärmt, anders zugerichtet, und mit scheinbarer Neuheit aufgetischt werden. Im Gefühl der Monotonie der Sache und des gänzlichen Mangels an neuen Gedanken suchen sie

---

*) [Variante:] Durchgängig schreiben sie: „Würde er zu mir kommen, ich würde ihm sagen", — statt „Käme er zu mir; so würde ich ihm sagen", — Hiebei handeln sie ihrer Buchstabenknickerei gerade entgegen: aber sie wissen's nicht anders: so gänzlich ist ihnen alle Grammatik abhanden gekommen. Mit würde darf ein Satz nur anfangen, wenn das Verbum im passivo steht („würde ich verurtheilt") oder er eine Frage ist: („würden Sie Dies thun?")

**) (jedoch „augenfällig").

den Schein der Neuheit durch alle möglichen Mittel hervorzubringen und greifen so nach neu gemachten oder umgeformten alten Wörtern. Beispiele folgen. Aus dieser Klasse sind unsere meisten Sprachverbesserer: wir wollen sie daher mit der Hochachtung behandeln, die sie verdienen. Und von diesen Armen am Geiste soll die Sprache zugerichtet werden? — Und daß in Deutschland nicht eine Anzahl Gelehrter vorhanden ist, die sich der Sprache annehmen und Widerstand leisten, ist höchst beplorabel.

„Er hatte mißrathen" statt abgerathen! (Heidelberger Jahrbücher). —

Habe gefunden ein neues Substantiv „Gröbungen" für Grobheiten, und „handliche Uebersicht" (Centralblatt); ein neues Verbum „heeren": scheint bedeuten zu sollen „ein Land mit einer Armee besetzt halten"; „Aufbesserung der Gehalte", „Verliederung einer Provinz" — qu'est-ce? — „heiklich", — „behäbig"? Sobald nämlich ein Ausdruck nur albern genug ist, darf er Beifall und Adoption hoffen. Jeder geringste Skribler und Sudler hält sich berufen, die Sprache zu verbessern und zu bereichern, nimmt daher keinen Anstand, ein Wort hinzuschreiben, das ihm eben durch den Kopf fährt und nie auf der Welt gehört worden. „Uebermögen" statt überwinden, schreibt Graul, Kural p. 8 u. 69; wie unverschämt!

„Von einer Sache die Sprache (Rede) seyn! (Postzeit.). — Es giebt keine muthwillige Verhunzung der Sprache, die sich heute nicht der niedrigste Schmierax ohne Umstände erlaubte; — weil er weiß, daß keine Prügel darauf gesetzt sind. Das litterarische Gesindel will originell seyn und kennt keinen andern Weg, als Worte in unerhörtem Sinn zu gebrauchen, oder sie zu verhunzen, oder neue einzuführen. —

Worte, die keine sind: „Bislang".*) — „Beweise

---

*) „Bislang" statt bisher, sinnlos.

erbringen" statt aufbringen. (Heidelberger Jahrbücher.) — „Nahezu", statt beinahe, ist kein Wort, auch keine erlaubte Zusammensetzung: man sagt „nahe bei dem Baum", nicht zu dem Baum. — Behäbig? — In „Bälde", — „verwilligen" statt bewilligen; verwilligen ist gar kein Wort, hat auch keine Buchstabenersparniß, aber Herrn Schmierax gefällt es so, er dünkt sich originell dabei. Dann muß er auch versuchen statt besuchen, vernehmen statt benehmen sagen. —

Statt fortwährend — „forthin". (Postzeit.) Statt anregen ibid. sehr oft „beregen", welches gar kein Wort ist, auch nicht ein Mal Buchstaben erspart: das Präfix an bezeichnet aber überall den vorwärts treibenden stimulus, wie in antreiben, anspornen, anfeuern, anstiften, anfangen u. s. w. Dies nicht fühlend, nicht verstehend, setzt nun so ein schmierender Lump, ohne Grund oder Vortheil, ein ganz undeutsches Wort beregen, bloß aus dummen Muthwillen, um seine Autokratie über die Sprache zu beweisen, darzuthun, daß mit ihr jeder nichtswürdige Skribler umspringen kann, wie es ihm beliebt. Ich überlasse dem Leser zu entscheiden, was so ein Verfahren verdient.

„Diese Affaire kann man nunmehr als völlig bereinigt betrachten." (Postzeit. 1858, Juni.) Was beschmutzt heißt weiß ich, 2c.

Die angeführten Beispiele sind alle aus Büchern, Journalen und Zeitungen entnommen: auch wird an ihrer Authenticität wohl niemand zweifeln, da es gewiß keine ἅπαξ λεγόμενα sind, vielmehr auch dem Leser fast alle schon vorgekommen seyn müssen.*) —

Die Beispiele sind aus Büchern, Journalen und Zei=

---

*) [Variante:] Alle angeführte Worte und Schreibarten sind keineswegs ἅπαξ λεγόμενα; sondern der Leser wird sie schon oft genug in Büchern, Journalen und Zeitungen gefunden haben.

tungen alle wirklich gefunden, wiewohl nicht citirt: man wird sie finden in jedem Buch, das man aufmacht: Alle beeifern sich: die Elenden glauben, das sei Fortschritt: es ist Fortschritt, wie der vom antiken Geschmack zum Roccoco.

Finale.

Ich bin weitläuftig gewesen und habe geschulmeistert, wozu ich wahrlich mich nicht hergegeben haben würde, wenn nicht die deutsche Sprache bedroht wäre: an nichts in Deutschland nehme ich größern Antheil, als an ihr: sie ist der einzige entschiedene Vorzug der Deutschen vor andern Nationen, und ist, wie ihre Schwestern, die Schwedische und Dänische, ein Dialekt der Gothischen Sprache, welche, wie die Griechische und Lateinische, unmittelbar aus dem Sanskrit stammt. Eine solche Sprache auf das Muthwilligste und Hirnloseste mißhandeln und dilapidiren zu sehen von unwissenden Sudlern, Lohnschreibern, Buchhändlersöldlingen, Zeitungsberichtern und dem ganzen Gelichter des Federviehs, ist mehr, als ich schweigend ertragen konnte und durfte. Will die Nation nicht auf meine Stimme hören, sondern der Auktorität und Praxis der eben Angeführten folgen; so ist sie ihrer Sprache nicht würdig gewesen.*)

Schluß.

Dies Sündenregister ist keineswegs vollständig: der geneigte Leser wird vielleicht noch ein Mal so viel hinzufügen können. Uebrigens ist, daß einige Tausend schlechter Skribler so schreiben, ohne alles Gewicht: das Falsche bleibt falsch, das Schlechte bleibt schlecht, und das Allgemeine ist dem Gemeinen verwandt. Hingegen läßt, in jeder Wissenschaft, jeder Irrthum, selbst wenn er Jahrhunderte gegolten hat,

---

*) [Variante:] Wenn aber den Deutschen die Auktorität die Sudler, weil ihre Zahl Legio ist, mehr gilt, als meine; so mögen sie ihrer Einsicht gemäß verfahren und diese dadurch an den Tag legen.

sich wieder vernichten: aber eine verdorbene Sprache ist nicht wieder herzustellen.

Ich fordere alle denkenden Schriftsteller auf, dieses ganze unverständige Treiben ausdrücklich und absichtlich zu verschmähen, also stets das bezeichnende und treffende Wort zu wählen, unbekümmert, ob nicht etwan ein anderes, von ungefähr ähnlicher Bedeutung und mit zwei Buchstaben weniger, vorhanden sei; sodann der Grammatik überall, besonders in Betreff der Tempora, Kasus und Präpositionen, ohne Knickerei, ihr volles Recht widerfahren zu lassen; überhaupt niemals Silben und Buchstaben zu zählen, sondern dies dem unwissenden Litteratenpack zu überlassen; — auf daß wir, neben dem eselöhrigen Jetztzeit=Jargon der Buchstabenzähler noch eine Deutsche Sprache behalten. Denn mit der Korruption einer Sprache ist es eine gefährliche Sache: ist sie einmal eingerissen und in Schrift und Volk gedrungen, so ist die Sprache nicht wieder herzustellen; so wenig wie ein durch Verwundung gelähmtes und geheiltes Glied. —

Das Tutti der Sprachverderber ist unberechenbar groß: allerdings könnt ihr meine Worte in den Wind schlagen, und die schöne Deutsche Sprache methodisch zu verderben fortfahren.

Dixi et animam salvavi.

Bibliographischer Anhang.

Vorbemerkung.

In den, seltenen, Fällen, wo im Originalmanuskript ein Wort oder Buchstaben in der Feder zurückgeblieben waren, habe ich die Ergänzung vorgenommen, und dies durch Einschließung in [ ] angedeutet.

Von Schopenhauer gebrauchte Abkürzungen von Worten sind meist genau so wiedergegeben, in einigen Fällen aber aufgelöst, z. B. statt „Plat:" gesetzt Platon.

E. G.

Einleitung in die Philosophie.

Unter dieser von mir gewählten Gesammtüberschrift habe ich die doppelte Einleitung zu Schopenhauers Vorlesung über „die gesammte Philosophie d. i. Lehre vom Wesen der Welt und von dem menschlichen Geiste",*) sowie die einleitenden Abschnitte zu den vier Theilen der Vorlesung zusammengefaßt.

I.

S. 9—17: „Exordium über meinen Vortrag und dessen Methode".

Diese das Kolleg eröffnende Einleitung befindet sich in einem besonderen Hefte, 4 Bogen in Klein-Folio: Schopenhauers Nachlaß Nr. 29, 12. Im Inhaltsverzeichniß zu Schopenhauers Vorlesungen lautet die Ueberschrift variirend: „Exordium über meinen Vortrag und dessen Gang." In unserm Texte ist dies Exordium zum ersten Male genau und vollständig wiedergegeben: denn Frauenstädt hat in seiner Publikation „Arthur Schopenhauer. Von ihm. Ueber ihn. ... Memorabilien, Briefe und Nachlaßstücke." (Berlin 1863) S. 756—759 nur ein Bruchstück (und auch dieses vielfach ungenau und mit Auslassung von 35 Worten) veröffentlicht. Gänzlich fehlt bei ihm was in unserm Texte S. 10 Z. 9 bis S. 15 Z. 9 steht.

II.

S. 18—53: „Einleitung, über das Studium der Philosophie."

---

*) Vgl. über Schopenhauers Lehrthätigkeit überhaupt meine „Chronologische Uebersicht von Schopenhauers Leben und Schriften" (Band VI, S. 193 ff. der sämmtlichen Werke in der Univ.-Bibliothek.)

Diese auf das Exordium folgende „Einleitung" befindet sich in einem besonderen Hefte, 10 Bogen und 1 Blatt, in Klein=Folio: Schopenhauers Nachlaß Nr. 29, 11: wonach sie in unserm Texte, zum ersten Male, genau und vollständig wiedergegeben ist.

Im Inhaltsverzeichniß zu den Vorlesungen ist dies Heft folgendermaaßen aufgeführt:

Einleitung
über den Trieb zu philosophiren, B. 1,
über den Gang der Geschichte der Philosophie, B. 1,
über die Fähigkeit zur Philosophie, B. 1, 4,
über Dogmatismus, Skepticismus, Kriticismus und Kant, B. 4.

Frauenstädt hat a. a. O. S. 739—756 veröffentlicht

a) das Stück S. 18—32 und die Anmerkung S. 33 unsres Textes, dabei aber, abgesehen von zahllosen Ungenauigkeiten im Einzelnen, 118 Worte ausgelassen;

b) das Stück S. 50 Z. 9 v. o. bis zum Schluß, unter Auslassung von 20 Worten, mit vielen Ungenauigkeiten und willkürlichen Aenderungen (statt „nach Grundsätzen" durch Grundsätze, statt „Lehrern des vorigen Jahrhunderts" vorhergehenden Lehren, statt „eng verknüpft" noch verknüpft).

Am Schlusse steht die Frauenstädt'sche Anmerkung: „Hierauf folgt eine kurze Uebersicht des Entwicklungsganges der Geschichte der Philosophie von Thales an." Diese Uebersicht folgt aber hier keineswegs, sondern sie folgt, als integrirender Theil der „Einleitung", auf das erste von Frauenstädt veröffentlichte Stück (S. 32, letztes Wort, unsres Textes bis S. 50 Z. 8 v. o.) —

Von dieser „Uebersicht der Geschichte der Philosophie" hat Frauenstädt später Bruchstücke publicirt, in seinem Buche „Aus Arthur Schopenhauer's handschriftlichem Nachlaß" (Leipzig 1864) S. 307—317: nämlich

a) das Stück S. 33 Z. 2 v. u. unsres Textes bis S. 34 Z. 9 v. u. (ungenau und willkürlich ändernd, statt „eine bloße Ethik" hauptsächlich Ethik!)

b) S. 35 Z. 16 v. u. unsres Textes bis S. 36 Z. 8 v. u. (ungenau und mit Auslassung von 14 Worten);

c) S. 40 bis S. 50 Z. 8 v. o. (ungenau, mit willkürlichen Aenderungen und mit Auslassung von 31 Worten).

Mehr als 5 Seiten der „Einleitung" erscheinen also in unserm Texte zum ersten Mal im Druck.

III.

Schopenhauer's Manuskript seiner Vorlesungen besteht aus 4 starken Konvoluten in Quarto: Schopenhauer's Nachlaß Nr. 24. 25. 26. 27; das „Exordium" zur Dianoiologie befindet sich in einem besonderen Hefte: Schopenhauers Nachlaß Nr. 29, 13. Dies „Exordium", (also die Einleitung zum 1. Theil der Vorlesung, welchen er für das Wintersemester 1820/21 als separates Kolleg angekündigt hatte) hat Schopenhauer dreimal bearbeitet:

1) unter dem Titel „Exordium philosophiae primae" 4 Seiten in Quart;

2) unter dem Titel „Dianoiologiae Exordium" 26 Seiten in Klein-Folio;

3) unter dem Titel „Exordium zur Dianoiologie" zwei Seiten in Klein-Folio.

Das letztere, am spätesten — nach 1822 — geschriebene ist in unserem Texte S. 54—55 genau wiedergegeben.

Frauenstädt hat dasselbe in seiner Publikation von 1863 S. 759—760 ungenau, und mit Auslassung von 17 Worten, abdrucken lassen. —

Das Stück aus dem 1. Theil der Vorlesung, von Schopenhauer mit dem besonderen Titel versehen „Ueber die Endlichkeit und Nichtigkeit der Erscheinungen", folgt daselbst auf die Darstellung des Satzes vom Grunde.

Unser Text (S. 56—59) giebt diese Ausführung, welche,

wie Schopenhauer sagt, „allen unseren ferneren Betrachtungen zum Grunde liegen wird", genau nach der Handschrift wieder.

Frauenstädt hat dies Bruchstück veröffentlicht in seiner o. a. Publikation von 1864 S. 417—420, ungenau, mit willkürlichen Aenderungen (z. B. statt „Objekts" Daseyns, statt „als Gegensatz" im Gegentheil) und unter Auslassung von 57 Worten.

Die Einleitung zum 2. Theil der Vorlesung, in unserem Texte S. 60—61, erscheint hier zum ersten Male im Druck. Dieselbe ist dem Kapitel 1 „Ueber den Begriff der Metaphysik" entnommen, und giebt Seite 1 und Seite 8 des ersten Bogens wieder. Die S. 60 nach den Worten „so ziemlich zusammentrifft" durch — — angedeutete Lücke enthält eine ausführliche philosophiegeschichtliche Auseinandersetzung über Wort und Begriff Metaphysik bei Aristoteles bis zu Kant.

Die Einleitung zum 3. Theil der Vorlesung, in unserm Texte S. 62—63, erscheint hier ebenfalls zum ersten Male im Druck.

Die Einleitung zum 4. Theil der Vorlesung, in unserm Texte S. 64, erscheint hier zum ersten Male im Druck. Eingang und Schluß zu „Letztes Kapitel von der Verneinung des Willens zum Leben, oder von der Entsagung und Heiligkeit" (dieser Titel steht im Manuskript) sind bereits von Frauenstädt veröffentlicht, u. z. der Eingang in der Publikation von 1863 S. 760—762, der Schluß in der Publikation von 1864 S. 335—336; beides jedoch ungenau, mit willkürlichen Aenderungen (z. B. statt „des willenslosen Erkennens" der willenslosen Erkenntniß), und mit Weglassung von 8 Worten.

Abhandlungen.

Eristische Dialektik.

Das Manuskript dieser Abhandlung befindet sich in einem besonderen Hefte, 8 Bogen in Quart: Schopenhauer's Nachlaß Nr. 29, 14. Nach Frauenstädt's Mittheilung in der Vorrede zu seiner o. a. Publikation von 1864 hätte dasselbe in einem Umschlage gelegen, mit der Aufschrift:

„Eristik, vide Parerga II, S. 24 ff."

Dieser Umschlag ist nicht mehr vorhanden. Wenn derselbe aber sich auch noch vorgefunden hätte, würde ich diese Abhandlung dennoch nicht „Eristik" betitelt haben. An der Spitze des Manuskripts steht nämlich nur das Wort „Dialektik": im Manuskript selbst aber sagt Schopenhauer: er würde die hier abgehandelte Disciplin gern „Dialektik" benannt haben, wolle sie jedoch „um Mißverständniß zu vermeiden Eristische Dialektik nennen." Er fügt hinzu „Eristik wäre nur ein härteres Wort für dieselbe Sache." Einige Seiten später sagt er nochmals: „wir wollen unsre Disciplin Dialectica eristica, eristische Dialektik nennen"; und abermals „der wahre Begriff der Dialektik ist also der aufgestellte ... obwohl der Name Eristik passender wäre, am richtigsten wohl Eristische Dialektik, Dialectica eristica". In den Parergis, Band II, S. 33 (in unserm Texte) citirt er denn sein Manuskript auch als „eristische Dialektik". Diesen Titel habe ich demnach an die Spitze der Abhandlung gestellt.

Von dieser, durch Schopenhauer selbst vorgezeichneten Ergänzung des Titels abgesehen ist das Originalmanuskript in unserm Texte (S. 71—107) genau wiedergegeben.

Die Abfassungszeit der Abhandlung ist später als diejenige der Vorlesungen anzusetzen. Denn im Originalmanuskript verweist Schopenhauer an einer Stelle auf die

Vorlesungen: siehe unten S. 191. Außerdem wird (S. 96 in unserm Text) eine Abhandlung Mitscherlich's vom Jahre 1822 citirt, woraus sich ebenfalls ergiebt, daß die „Eristische Dialektik" frühestens in diesem Jahre abgefaßt sein kann.

Im Einzelnen wäre noch Folgendes zu bemerken:

S. 74 Z. 7 v. o. ist der im Manuskript nach den Worten „bei objektivem Unrecht" folgende Satz

Also die objektive Wahrheit eines Satzes und die Gültigkeit desselben in der Approbation der Streiter und Hörer sind zweierlei: auf letztere ist die Dialektik gerichtet.

von Schopenhauer, mit Dinte, wieder ausgestrichen.

S. 77 Z. 6 v. o. Zu den Worten „nicht rein gelöst hat" ist von Schopenhauer am Rande bemerkt

† Siehe Nebenbogen.

Dieser, im Berliner Originalmanuskript miteingeheftete Nebenbogen ist überschrieben

Nebenbogen zu B. 2 der Dialektik.

Derselbe enthält auf 4 engbeschriebenen Folioseiten eine Auseinandersetzung über Aristoteles' „Topica". Der Schluß lautet:

So viel um Ihnen einen Begriff von der Dialektik des Aristoteles zu geben. Sie scheint mir den Zweck nicht zu erreichen: ich habe es also anders versucht.

Hieraus ergiebt sich, daß diese Auseinandersetzung als Nachtrag zu den Vorlesungen gedacht war. Ich habe deshalb den „Nebenbogen" in die „Eristische Dialektik" nicht aufgenommen, wie dies auch Frauenstädt in der unten zu erwähnenden Publikation nicht gethan hat.

S. 80 Z. 10 v. o. bis S. 82 Z. 7 v. o. Diese ganze Stelle ist von Schopenhauer mit Bleistift durchstrichen, weil er sie, mit zahlreichen Veränderungen, in die „Parerga" (a. o. a. O.) aufgenommen hat. Ich habe in unserm Texte der „Eristischen Dialektik" diese Stelle so wiedergegeben, wie sie ursprünglich im Manuskripte stand.

S. 88 Z. 7 v. o. Auf den Kunstgriff 6 folgt im Originalmanuskript:

Und hier stehe vorläufig der Letzte Kunstgriff.

Ich habe den „Letzten Kunstgriff" — auf welchen Schopenhauer auch S. 97 Z. 3 v. o. ff. hinweist — von jener Stelle des Manuskripts, wo er „vorläufig" niedergeschrieben war, an die ihm von Schopenhauer angewiesene definitive Stelle versetzt (S. 105 ff.).

S. 91 Z. 16—17 v. o. hat Schopenhauer zu der Ueberschrift „Argumenta ad hominem oder ex concessis" an den Rand geschrieben:

siehe Hefte Appendix B. zu B[ogen] 122.

Die hier aus dem 1. Theil seiner Vorlesungen citirte Stelle habe ich als Anmerkung unter den Text gesetzt, wie dies auch Frauenstädt in der sogleich zu erwähnenden Publikation gethan hat (freilich mit Weglassung der 12 Schlußzeilen und mit mehreren willkürlichen „Korrekturen"). —

Die „Eristische Dialektik" ist von Frauenstädt in seiner Publikation von 1864 (S. 3—35 unter dem Titel „Eristik") veröffentlicht, jedoch in gänzlich ungenügender Weise (es fehlen z. B. nicht nur zahlreiche Worte und Sätze, sondern ganze Absätze), was im Einzelnen nachzuweisen, meine Geduld übersteigt und auch wohl der Geduld des Lesers zu viel zumuthen würde. Ich hoffe, man wird mir das Vertrauen schenken, daß überall, wo mein Text von dem Frauenstädtschen abweicht, der Grund davon der ist, daß Frauenstädt das Originalmanuskript korrumpiert wiedergegeben hat.

Ueber das Interessante.

Diese, von Schopenhauer so betitelte Abhandlung steht in seinem Manuskriptbuch „Foliant" S. 1—17, und an der Spitze, vor der Ueberschrift, befindet sich Ort und Datum der Abfassung: Berlin, 1821 Januar.

Der letzte Absatz (S. 117 in unserm Texte) ist von

Schopenhauer später hinzugeschrieben und zwar wie er am Rande bemerkt „1840". Auch hat er damals an den Rand geschrieben:

Hieran ließe sich schließen, was M. S. B[ogen] 19, p. 8 über die Langweiligkeit steht.

Die hier citirte Stelle seiner Manuskripte ist aber in diesen mit Bleistift durchstrichen, weil im II. Bande der „Parerga" (in unserm Texte S. 551 f.) verwendet. —

Frauenstädt hat die Abhandlung „Ueber das Interessante" a. a. O. S. 43—51, ungenau und mit Weglassung von 11 Worten wiedergegeben.

Ueber die, seit einigen Jahren, methodisch betriebene Verhunzung der Deutschen Sprache.

Ueber dieses Thema hat sich Schopenhauer zuerst im Jahr 1844, im II. Bande der „Welt als Wille und Vorstellung" (in unserm Text Seite 144—147) ausgesprochen.*) Ausführlich kam er auf die Sache sodann im II. Band der „Parerga" (1851) zurück, wo fast das ganze Kapitel 23 davon handelt. Fünf Jahre später begann er dem Gegenstand von Neuem seine Aufmerksamkeit zu widmen und hat in seinem letzten Manuskriptenbuch „Senilia", bis kurz vor seinem Tode, sehr zahlreiche, die Sprachverhunzung betreffende Aufzeichnungen zu Papier gebracht. Diese Aufzeichnungen heben daselbst Seite 80 an und enden, wenn auch von manchem Heterogenen unterbrochen, Seite 145, der fünftletzten Seite des Manuskriptbuchs.**)

Seine ersten bezüglichen Niederschriften (S. 84 ff.) sind ausdrücklich zur Einverleibung in das Kapitel 23 der „Par-

---

*) In der Ausgabe letzter Hand von 1859 sind nur 13 Zeilen hinzugekommen, nämlich S. 145 3. 13—25 v. o.

**) S. 72 beginnt daselbst das Jahr 1856, S. 89 das Jahr 1857 und S. 140 das Jahr 1860. Die Aufzeichnungen reichen also von 1856—1860.

erga" bestimmt,*) und daher auch in unsern Text derselben aufgenommen (vgl. Sämmtliche Werke, Band V, S. 559 ff. und dazu die bibliographischen Bemerkungen, Band VI, S. 364—368).

Aber bereits S. 100 der „Senilia" schreibt er über eine Fortsetzung:

Allenfalls ein eignes Kapitel „Ueber den argen (schändlichen) Unfug, der in jetziger Zeit mit der Deutschen Sprache getrieben wird."

S. 116 heißt es schon gradezu:

Initium Capitis de infamia:

Eine sonderbare Monomanie hat sich sämmtlicher Deutscher Schreiber bemächtigt und droht unsre schöne Sprache auf immer zu verderben. Die fixe Idee ist, Kürze des Ausdrucks zu gewinnen. Statt nun diese auf dem im vorigen Kapitel bezeichneten Wege zu suchen, wollen sie solche durch Abkürzung der einzelnen Worte zuwege bringen.

Und S. 118:

Eigenes Kapitel „Ueber die allgemein und allseitig mit Wetteifer betriebene methodische Verhunzung der Deutschen Sprache."

S. 124 endlich findet sich die endgültige Bearbeitung des „Initium capitis ad hoc" unter der definitiven Ueberschrift:

Ueber die, seit einigen Jahren, methodisch betriebene Verhunzung der Deutschen Sprache.

Zur abschließenden Ausarbeitung dieses „eignen Kapitels" ist Schopenhauer aber nicht mehr gelangt, wenigstens nicht zu einer so weit gediehenen Vollendung des Aufsatzes, daß derselbe in die posthume Parerga-Ausgabe hätte aufgenommen werden können. Daß dem Aufsatz die letzte Hand fehlt, geht namentlich aus den vielen Wiederholungen (die aber

---

*) S. 80 trägt die Ueberschrift „Zu Parerga Bd. II p. 453" und S. 88: „Ferneres über die Infamie, welche von Sudlern mit der deutschen Sprache getrieben wird."

als Variationen des Grundthemas stets interessant sind) hervor; insbesondere hat Schopenhauer auch seine S. 80 zu erkennen gegebene Absicht:

[Jedes getadelte Wort ist zuvor im Adelung zu suchen]

nicht ausführen können, ebenso wenig wie er die S. 113 aufgestellte Maxime

[Indignation erregen, nicht sie aussprechen]

durchgeführt hat.

Es konnte sich daher nur um eine abgesonderte Edirung dieses Posthumums — so wie es vorlag — handeln; wie ich solche in unserm Text (oben S. 118—182) zu leisten versucht habe.

In der allgemeinen Disposition der Abhandlung vermochte ich dabei Schopenhauers eigenen Anordnungen zu folgen.

S. 125 der „Senilia" finden wir nämlich nach den Schlußworten des Initiums: „Wir wollen diese Kunstmittel jetzt einzeln in Betrachtung nehmen" (siehe oben S. 119 Z. 16—17 v. o.) folgende Klammer:

[Nachdem Dies ausführlich geschehen, folgt die Betrachtung der gratuiten Sprachverhunzung wie folgt]

An diese Klammer schließt sich dann unmittelbar der Absatz:

„Nachdem man durch alle diese Streiche und Verwegenheiten"

bis

„Leistungen dieser Art sind z. B. folgende"

(S. 177 Z. 4 v. o. ff. unsres Textes).

Hierdurch ist also die Gliederung des Ganzen in zwei — ungleiche — Haupttheile vorgezeichnet. Auch giebt er oft Fingerzeige, in welchem der beiden Haupttheile, bez. an welche bestimmte Stelle diese oder jene Aufzeichnung unterzubringen sei. Z. B. „Bei Imperfecta". „Diese Stelle da wo die Nova und Falsa die keine Wortersparniss geben zusammengestellt sind." „Bei Sprachneuerungen ohne Verkürzung. Bei Anführung der ganz müßigen und muthwilligen Verstümmelung und Verdrehung der Wörter"; u. a.

Endlich hat er auch das „Finale" (S. 104 der „Senilia") und den „Schluß" (S. 141 daselbst), unter diesen Ueberschriften, vorgeschrieben.

In der Anordnung im Einzelnen mußte ich dagegen (von S. 119 Z. 17 v. o. unsres Textes ab) selbständig zu Werke gehn, da hierüber keine bestimmte Weisungen des Meisters vorlagen. Die Eintheilung in Paragraphen, die Ueberschriften derselben,*) die Vertheilung des handschriftlichen Materials in die Paragraphen — dies Alles rührt also von mir her. Innerhalb dieses Rahmens aber ist jedes Wort genau nach der Handschrift wiedergegeben und selbstredend weder etwas hinzugesetzt, noch eigenmächtig etwas weggelassen.**)

Die Herstellung unsres Textes war übrigens, bei dem oft sehr schwer zu entziffernden Manuskript, nicht leicht, indessen hoffe ich Alles richtig gelesen und auch nichts übersehen zu haben.

Was die von Frauenstädt in seiner Publikation von 1864 (S. 53—102) veröffentlichten „Materialien zu einer Abhandlung über den argen Unfug, der in jetziger Zeit mit

---

*) Auch das Goethe'sche Motto vor § 1 ist von mir an diese Stelle gesetzt worden: Schopenhauer sagt S. 104 der „Senilia" nur: „Beizubringen Goethe's dem Buchstabensparer Nachlaß Vol. 16, p. 90."

**) Nur eine kleine Stelle mußte wegbleiben, aus einem in der Sache liegenden Grunde. S. 104 des Manuskripts findet sich nämlich folgender, mit „Occasionaliter" bezeichneter Anfang eines Satzes: Nicht bloß in Zeitungen, Journalen und sonstiger Litteraten-Handarbeit, sondern in respektabeln Büchern und ehrlichen, also die Namen der Recensenten anführenden Litteraturzeitungen finde ich

Ich führe diese Lücke besonders deshalb an, weil Frauenstädt, in seiner sogleich zu erwähnenden Publikation, das kleine Fragment in seinen Text verarbeitet hat.

der Deutschen Sprache getrieben wird" betrifft, so hat derselbe im Ganzen über 13 Seiten unsres Textes völlig unterdrückt, bei dem Abgedruckten aber in willkürlicher Text-Behandlung alle seine übrigen Schopenhauer-Editionen noch übertroffen — womit viel gesagt ist. Ich darf daher behaupten, daß Schopenhauers Abhandlung über die Sprachverhunzung in unserm Texte zum ersten Male wirklich edirt ist.

Folgende Stellen unsres Textes geben noch zu erläuternden Bemerkungen Anlaß:

S. 118 f. Zu diesem von Schopenhauer als „Initium" bezeichneten Eingang der Abhandlung, welcher sich, wie schon gesagt, S. 124 f. des Manuskripts findet, hat Schopenhauer einige Seiten später (S. 129) noch folgende, unvollendete, Variante hinzugeschrieben:

Initio: — Sie haben so etwas vernommen, daß man kurz und gedrungen schreiben soll: Da denken sie: Das fangen wir so an: wir knappen alle Präfixa und Affixa der Worte, alle irgend u. s. w.

S. 120 Z. 2 v. u.: das Wort „schamfischem" steht so im Manuskript.

S. 121 Z. 8—9 v. o. Vgl. Schopenhauer's Sämmtliche Werke, Band II, 145 und V, 565.

S. 129 Z. 9—13. Diesen Absatz habe ich aus dem Manuskriptbuch „Spicilegia" (S. 214) entnommen. Schopenhauer hat zu der citirten Schrift beigeschrieben:

„von wem?"

Gemeint sind Herder's Fragmente „Ueber die neuere deutsche Litteratur" (1. Ausgabe von 1767).

S. 130 Z. 17—18 v. o. Schopenhauer hatte zuerst geschrieben:

„das Adjektiv etwaige mit dem ekelhaften Diphthong!"

Dann hatte er das „das" gestrichen und dafür gesetzt „nachher gar das widerwärtig diphthongische" und dabei vergessen auch die 4 Schlußworte „mit dem ekelhaften Diphthong" zu streichen.

S. 134 Z. 3 v. u. bis S. 135 Z. 19 v. o. Diese beiden Absätze, welche Frauenstädt in der Publikation von 1864 S. 79 f. zum Abdruck bringt, finden sich nicht in den „Senilia". Sie sind folglich dem Handexemplar der „Parerga" beigeschrieben gewesen und in der posthumen Ausgabe derselben von Frauenstädt weggelassen worden: ein Verfahren, für welches ich noch ein weiteres Beispiel in meiner „Bibliographie" (Sämmtliche Werke, Band VI, S. 365 f.) nachgewiesen habe.

S. 140 Z. 12 v. u. „(P. Z.)" bedeutet die Frankfurter Postzeitung.

S. 143 Z. 12—3 v. u. Zu diesem Absatz hat Schopenhauer an den Rand geschrieben:

General-Refrain.

S. 146 Z. 3—12 v. o. vgl. Sämmtliche Werke V, 572.
S. 148 Z. 6—14 v. o. Vgl. Werke V, 561 f.
S. 154: Ueber „Wenn" und „so" vgl. Werke V, 556 f.
S. 163 Z. 3—7 v. o. Vgl. Werke V, 561.
S. 165: Zu § 12 vgl. Werke V, 557 f.
S. 172 Z. 4 v. o. Diesem Citat der „Parerga" entspricht in unsrer Ausgabe der Werke: Band V, S. 559 f. Ich habe in der Anmerkung ††) daselbst alles zusammengestellt, was Schopenhauer über den „Unfug, der mit der Präposition für getrieben wird" in den „Senilia" aufgezeichnet hat. (Vergl. auch meine bibliographischen Bemerkungen dazu: Band VI, S. 364).

Berlin, den 29. September 1891.

Eduard Grisebach.

Verzeichniß
der wichtigeren
in der Abhandlung über die Sprachverhunzung besprochenen Worte.

A.

Abbruch und Abbrechung 140.
abschätzig (statt geringschätzig) 162.
achtbar und achtungswerth 160.
ändern (statt verändern) 137.
als und wie 155.
anregen 134. 180.
Anrufung und Berufung 173.
„Anschauung" 161.
Ansprache und Anrede 177.
anstreben 119. 134.
antreffen und treffen 136.
Anzahl und Zahl 135.
auffällig (statt auffallend) 178.
„augenblicklich" 163 f.
aus Anlaß (statt auf Anlaß) 127. 151. 174.
aus Ursachen 151.
Auxiliarverba 167 f.

B.

„beanspruchen" 157.
bedauerlich und bedauernswerth 160.
„Behufs" 158.
beifügen und hinzufügen 136. 143.
beiläufig und ungefähr 161.
beistimmen 131.
„beregen" 134.
„bereinigt" 180.
bereiten und vorbereiten 142.
beruht in (statt beruht auf) 127. 141. 151.
Besserung 133. 137.
bessern 137.
„Betreffs" 158.
Bezug (statt Beziehung) 133.
billig und wohlfeil 160 f.
„bislang" 179.
bloß und nur 163.

C.

Consonanten 170.

D.

Dännemark 129 f.
dasselbe und das selbe 146 f.
daß und wie 155.
das (statt dieses, jenes, welches) 175.
„der gleiche" (statt der selbe) 147.

E.

einig und einzig 162.
erborgen und abborgen 126. 141.
„Erfund" 157.

Wörterverzeichniß.

ernst (statt ernstlich) 148.
erstreben 119. 134 f.
etwan 130.

F.
Fälschung (statt Verfälschung) 133. 137.
„fertigen" 138.
Führung (statt Aufführung) 142.

G.
Gallicismen 171 ff.
„Gedenkfeier" 158.
Geschick und Geschicklichkeit 133.
giltig (statt gültig) 131.
Goethe, Goethes, Goethen 144.
„Goethemonument" 149.

H.
Hülfe (statt Hilfe) 131.
hindern und verhindern 141.
Hingabe und Hingebung 139. 142.
„Hinsichts" 158.
hinzufügen und beifügen 136.
„Hochschule" 149.
Hörer und Zuhörer 135.

J.
in der Straße (statt auf der Straße) 172.
„indeß" 156.
italienisch (statt italiänisch) 130.

K.
„kürzen" 133.
„kürzlich" 162.

L.
„Längsschnitt" 157.
„Langweil" 169.
lösen und auflösen 139.

M.
Maaße und Masse 129.
Maaßnahme und Maaßregel 161.
mahnen und ermahnen 141.
„Mozart=Geige" 150.

N.
„nahezu" 164. 180.
Namens und im Namen 153. 158.
nothwendig und nöthig 161.

O.
Obmacht (statt Uebermacht) 157.

P.
Proskribirte Worte 164 f.

R.
„Rechnung tragen" 172.

S.
Sachverhalt (statt Sachverhältniß) 133.
fälig 129.
Schärfe und Scharfsinn 159.
„Schillerhaus" 149 f.
Schmied (statt Schmidt) 130.
„Seitens" 158.
„seither" 157.
„Selbstperson" 156.
selbstrebend 156.
„selbstverständlich" 156.
sicher (statt sicherlich) 148.
sorglich (statt sorgfältig) 162.
Spaß (statt Spaaß) 129.
„ständig" 138. 163.
stärken (statt bestärken) 134.
„Sundzoll" 170.

T.

„Tragweite" 170.

U.

üben, ausüben, einüben 137.
überwiegend und vorwiegend 142.
„umfänglich" 161.
Unbill (statt Unbild) 177.
ungefähr und beiläufig 161.
ungleich und unweit 161.
unrecht und ungerecht 143.

V.

„verderbt" 163.
Vergleich und Vergleichung 133.
verhalten (statt vorenthalten) 140.
„Vervortheilung" 155.

vor und über 142.
vor (statt bevor) 153.
vorfinden 136.

W.

welcher, welche, welches 115 f.
wenn — so 154.
„Willigung" 139.

Z.

Zahl und Anzahl 135.
zeichnen (statt unterzeichnen) 139 f.
zeither 157.
Zeitungsdeutsch 121 f.
zeugen (statt bezeugen) 142.
Zuhörer und Hörer 135.
zurückhalten und zurückbehalten 142.
zustimmen 131.

www.ingramcontent.com/pod-product-compliance
Lightning Source LLC
Chambersburg PA
CBHW020933230426
43666CB00008B/1666